L'EMPIRE OTTOMAN

PAR

Léon LAMOUCHE
CAPITAINE DU GÉNIE
ATTACHÉ AU 2e BUREAU DE L'ÉTAT-MAJOR DE L'ARMÉE
DIPLOMÉ DE L'ÉCOLE DES LANGUES ORIENTALES

PARIS
LIBRAIRIE MILITAIRE DE L. BAUDOIN
IMPRIMEUR-ÉDITEUR
30, Rue et Passage Dauphine, 30

1895

L'ORGANISATION MILITAIRE

DE

L'EMPIRE OTTOMAN

Extrait de la **Revue militaire de l'Étranger.**

(1894-1895.)

Paris — Imprimerie L. Baudoin, 2, rue Christine.

L'ORGANISATION MILITAIRE

DE

L'EMPIRE OTTOMAN

PAR

Léon LAMOUCHE

CAPITAINE DU GÉNIE

ATTACHÉ AU 2e BUREAU DE L'ÉTAT-MAJOR DE L'ARMÉE

DIPLOMÉ DE L'ÉCOLE DES LANGUES ORIENTALES

PARIS

LIBRAIRIE MILITAIRE DE L. BAUDOIN

IMPRIMEUR-ÉDITEUR

30, Rue et Passage Dauphine, 30

1895

C

L'ORGANISATION MILITAIRE

DE

L'EMPIRE OTTOMAN

INTRODUCTION

État politique, organisation administrative, statistique générale de l'Empire ottoman (1).

A. — Territoire et population.

Les pays dépendant directement ou indirectement du Sultan peuvent être répartis en trois catégories :

1° Les possessions immédiates, les seules dont nous nous occuperons dans cette étude ;

2° Les États vassaux (*éyalat i mumtazé*) qui sont actuellement : en Europe, la principauté de *Bulgarie;* en Asie, la principauté de *Samos,* comprenant seulement l'île du même nom ; en Afrique, la vice-royauté d'*Égypte;*

3° Les provinces ou pays occupés par des puissances étrangères, savoir : la *Bosnie* et l'*Herzégovine* par l'Autriche-Hongrie et l'île de *Chypre* par l'Angleterre. Ces pays se trouvent complètement soustraits à l'action poli-

(1) Les renseignements qui ont servi de base à l'étude de l'état politique de l'Empire ottoman sont empruntés, pour la plus grande partie, aux annuaires généraux (*Salnamé*) publiés pour l'ensemble de l'Empire, ainsi qu'aux annuaires spéciaux des grandes divisions administratives.

tique, administrative et militaire de l'Empire ottoman (1), sans en avoir été cependant formellement séparés.

Les *possessions immédiates* de l'Empire turc s'étendent sur les trois parties de l'ancien continent. Les provinces d'Europe et d'Asie forment un groupe compact au milieu duquel se trouve la capitale, étendant elle-même ses quartiers sur les deux rives du Bosphore, à la jonction des deux parties principales de l'ancien monde.

La province de Tripoli, le seul territoire africain demeuré sous l'autorité directe du sultan, est séparée par l'Égypte des autres provinces de la Turquie proprement dite.

La surface de la Turquie d'Europe n'est plus, depuis le traité de Berlin et les cessions de territoire consenties en 1883 en faveur de la Grèce, que de 168,500 kilomètres carrés, et sa population de 5,750,000 habitants, ce qui représente une population spécifique de 33 habitants par kilomètre carré.

La superficie des possessions turques en Asie ne peut être évaluée que d'une façon approximative, car la domination ottomane s'étend sur une partie de l'Arabie, et aucune frontière nettement déterminée ne la limite de ce côté.

Il en est de même pour la Tripolitaine qui confine au sud avec le désert.

On donne cependant à la Turquie d'Asie une superficie d'environ 1,900,000 kilomètres carrés et à la Tripolitaine, de 1,033,000 kilomètres carrés.

La population de la Turquie d'Asie est évaluée à environ 16,500,000 âmes, ce qui donnerait en moyenne 8,6 habitants par kilomètre carré; mais en réalité la

(1) On sait que l'Autriche-Hongrie a même introduit le service militaire obligatoire dans les provinces qu'elle occupe.

population spécifique de cette partie de l'Empire est extrêmement variable et diminue rapidement lorsque des côtes de l'Anatolie, où elle dépasse 30 habitants par kilomètre carré, on s'avance vers la Syrie ou la Mésopotamie, régions où elle descend au-dessous de 5 habitants.

La population de la Tripolitaine peut être évaluée à 1,000,000 d'habitants.

La population totale des possessions directes de l'Empire ottoman s'élèverait ainsi à 23,250,000 habitants, et leur superficie à un peu plus de 3 millions de kilomètres carrés.

On sait que la population de l'Empire ottoman est formée par la juxtaposition de races nombreuses, et présente une variété ethnographique que ne dépasse même pas la monarchie austro-hongroise. Un des traits particuliers de la population de la Turquie, c'est la répartition géographique tout à fait irrégulière de certaines races, qui, au lieu de rester agglomérées dans une région limitée, se sont étendues sur une portion plus ou moins considérable du territoire occupé par les autres races. Sans parler des Israélites et des Tsiganes qui n'ont pas de centre de population spécial, ce phénomène de diffusion s'est particulièrement fait sentir chez les Turcs, les Grecs, les Arméniens et les Macédo-Roumains. Aussi, n'est-il pas rare de rencontrer sur un territoire moyennement étendu, surtout en Macédoine, en Asie Mineure et en Arménie, des représentants de quatre ou cinq nationalités différentes qui, le plus souvent, habitent des villages distincts, ou, dans les villes, des quartiers séparés.

Les *Turcs*, qui, au point de vue politique, constituent la race dominante, ne forment pas la majorité de la population ; ils n'en représentent guère que les 38/100.

Leur nombre s'élève à environ 9,700,000 dont 1,300,000 en Europe et 8,400,000 en Asie. En Afrique, ils ne sont représentés que par les fonctionnaires et les garnisons de la Tripolitaine.

Le principal centre de population turque se trouve aux confins de l'Europe et de l'Asie, d'une part en Anatolie, et d'autre part, dans la région européenne avoisinant Constantinople, c'est-à-dire dans l'ancienne Thrace.

Un groupe important de population turque a été retranché, par le traité de Berlin, des possessions immédiates du Sultan. C'est celui qui occupe la partie orientale de la Bulgarie, notamment les départements de Roustchouk, Silistrie, Razgrad, Choumla, Varna, et qui, malgré l'émigration qui suivit les événements de 1878, ne compte pas moins de 400,000 âmes. La population turque de la Bulgarie tout entière s'élevait en 1888 à 607,000 âmes ; elle n'était plus que de 570,000 âmes en 1893 (1).

---

(1) Les Turcs de l'Empire ottoman ne constituent pas la plus grande partie de leur nationalité. Toutes les populations désignées sous les noms de *Turkmènes* ou *Turcomans*, *Tatares*, *Kirguiz*, etc., appartiennent à la même race et parlent des dialectes très peu différents les uns des autres. Près de la moitié de la population de race turque se trouve actuellement sous la domination russe ; elle constitue la presque totalité (90 pour 100) des habitants de l'Asie centrale et une fraction importante de ceux de la Transcaucasie et de plusieurs gouvernements de l'est de la Russie d'Europe (Kazan, Oufa, Orenbourg, etc.). En y comprenant les *Yakoutes*, peuplade de 300,000 âmes environ, vivant dans la Sibérie orientale, séparés géographiquement des autres groupes de population turque, mais parlant un idiome très rapproché des leurs, les habitants de race turco-tatare de l'Empire russe sont au nombre de 10 millions et représentent à peu près un dixième de la population totale de cet Empire. Dans les possessions asiatiques, ils occupent au point de vue numérique le premier rang entre les différentes races (41 pour 100 contre 32 pour 100 appartenant à la nationalité russe).

Les États de *Boukhara* et de *Khiva*, placés sous le protectorat russe, ainsi que la province chinoise nommée *Dzoungarie* ou *Turkestan chinois* sont également pour la plus grande partie peuplés de Turcs.

Il est assez difficile de déterminer avec précision l'importance numérique d'une race dont une fraction notable est nomade ou habite des

Les autres habitants de la Turquie se répartissent entre les familles indo-européenne et sémitique. Un petit nombre d'entre eux (Lazes, Tcherkesses) appartiennent au groupe caucasien dont le classement, par rapport aux grandes familles ethnographiques et linguistiques, est encore indécis.

Nous résumons, dans le tableau ci-dessous, les données relatives aux populations de l'Empire ottoman n'appartenant pas à la race turque :

NATIONALITÉS.		NOMBRE D'AMES (1).	CULTES.	PRINCIPALES RÉGIONS HABITÉES.
		1° *Famille indo-européenne.*		
Grecs		2,100,000	Orthodoxes, catholiques (en petit nombre).	Constantinople, Thrace, Macédoine, Epire, Côtes de l'Asie Mineure, Crête, Iles de l'Archipel.
Albanais		800,000	Musulmans, catholiques romains, orthodoxes.	Vilayets de Scutari et de Ianina, partie de ceux de Monastir et de Kossovo.
Macédo-Roumains (ou Tsintsares)		280,000	Orthodoxes.	Macédoine, Épire.
Slaves	Bulgares	1,500,000	Orthodoxes, uniates, catholiques romains, musulmans.	Macédoine, Thrace.
	Serbes	500,000	Orthodoxes, musulmans.	Vilayet de Kossovo.
Iraniens	Arméniens	2,000,000	Grégoriens, uniates, protestants.	Arménie, Kurdistan, Asie Mineure, Constantinople.
	Kurdes	1,300,000	Musulmans.	Arménie, Kurdistan.
Tsiganes		150,000 (?)	Musulmans (ou religion indécise).	Dispersés dans toute la Turquie d'Europe.

(1) Les chiffres relatifs à l'importance des diverses nationalités n'ont qu'un caractère approximatif, car les statistiques officielles, assez imparfaites d'ailleurs, sont basées sur les cultes, et ne peuvent donner que des renseignements peu exacts au point de vue ethnographique.

pays encore insuffisamment étudiés. On peut tout au plus donner une évaluation approximative d'après laquelle l'ensemble des populations turques s'élèverait à environ 21 millions d'âmes. Le centre de gravité de la race se trouverait dans les possessions russes du Turkestan.

Les Turcs appartiennent à la famille *touranienne* appelée aussi *ouralo-altaïque*, dont les autres membres sont, en Europe, les Hongrois, les Finnois et les peuples congénères de la Russie septentrionale et orientale, et, en Asie, la plus grande partie des indigènes de la Sibérie, les Mandchoux et les Mongols.

NATIONALITÉS.		NOMBRE D'AMES.	CULTES.	PRINCIPALES RÉGIONS HABITÉES.
		2° Famille sémitique.		
Arabes		2,900,000	Musulmans, uniates (Melkites).	Syrie, Mésopotamie.
Population diverses assimilées par les Arabes.	Druses	120,000	Musulmans (1).	Syrie.
	Métualis	40,000	Musulmans.	Syrie.
	Maronites	200,000	Catholiques.	Syrie.
	Chaldéens	150,000	Chrétiens (unis et non unis.	Syrie, Mésopotamie.
Israélites		170,000	Israélites.	Répandus dans toutes les villes de Turquie d'Europe, d'Asie Mineure et de Syrie.
		3° Caucasiens.		
Tcherkesses, Lazes, etc		150,000	Musulmans.	Asie Mineure et Arménie, près des frontières russes.

(1) Les Druses ne sont musulmans qu'en apparence, et professent, en réalité, des croyances très différentes de celles de l'Islam.

On voit par ce tableau que les cultes entre lesquels se partagent les sujets ottomans sont également très nombreux et que leur répartition ne correspond généralement pas à celle des nationalités, le plus grand nombre de celles-ci comptant parmi leurs membres des musulmans et des chrétiens de plusieurs confessions. Nous aurons à revenir sur cette question qui joue un grand rôle dans l'organisation politique de la Turquie.

B. — Gouvernement.

La Turquie est actuellement, avec la Russie, le seul grand État qui représente en Europe le type de la monarchie absolue.

Bien entendu, dans la pratique, le pouvoir du Sultan ne peut pas être considéré comme illimité ; les traditions qui déterminent la part conférée dans la gestion des affaires publiques à certains hauts fonctionnaires et à certains conseils, les déclarations solennelles qui ont reconnu les droits des habitants, limitent, dans une certaine mesure, l'exercice du pouvoir souverain. En théorie même, l'Empire ottoman est un État constitutionnel régi par une charte, octroyée le 7 *zi'l hidjé* 1293 (23 décembre 1876), par le Sultan actuel Abd-ul-Hammid II. Cette charte, dont le texte figure toujours en tête de l'*Annuaire officiel de l'Empire ottoman* (*Salnamé i devlet i osmanié*), reproduit la plupart des dispositions des constitutions occidentales. Elle confère le pouvoir législatif à un parlement (*Assemblée générale*, *Medjlis i 'oumoumi*) composé d'une *Chambre des notables* ou *Sénat* (*Hiyet i Ayan*), dont les membres sont nommés à vie par le Sultan, et d'une *Chambre des députés* (*Hiyet i Mébouçan*) élue par les habitants sans distinction de nationalités ni de cultes. Ce parlement s'est effectivement réuni et sa première session a été solennellement ouverte par le Sultan, le 19 mars 1877. Mais la guerre avec la Russie, qui éclata quelques semaines après, vint donner aux idées une autre direction, et lorsque la paix eut été signée, la Constitution, sans être cependant formellement abrogée, ne fut plus appliquée.

Aussi, n'est-ce pas elle que l'on doit considérer comme représentant réellement la charte de l'Empire ottoman, mais deux actes antérieurs dont la proclamation peut être regardée comme l'origine de l'histoire de la Turquie contemporaine.

Le premier de ces documents, émané du Sultan *Abd-ul-Medjid*, est connu sous le nom de *Khatt y chérif* (1) *de*

---

(1) On appelle *Khatt y chérif* (littéralement, l'écriture sacrée) ou *Khatt y humayoun* (l'écriture sublime) un *rescrit* impérial contenant ordinairement une déclaration ou des prescriptions sur un sujet très important, et dont la minute porte le *thoughra* (monogramme du Sultan) et la formule exécutoire de la main même du souverain. L'*iradé* et le *firman*

Gul-Khané et porte la date du 3 novembre 1839. Il garantit solennellement aux sujets ottomans, sans distinction de race ou de culte, la libre disposition de leurs biens, une justice égale pour tous, une équitable répartition des impôts et des charges du service militaire (ce dernier point ne s'appliquant qu'aux musulmans).

Le khatt y chérif de Gul-khané inaugure la période dite des *réformes* (*Tanzimat*) dont les premiers actes furent la réorganisation de l'armée, la promulgation de codes inspirés des législations européennes, la transformation de l'administration provinciale, etc.

Toutes les déclarations du rescrit de 1839 furent confirmées par le *Khatt y humayoun* du 18 février 1856 publié à la suite de la guerre de Crimée. Ce dernier document proclamait, en outre, en termes formels, l'égalité de tous les sujets turcs devant la loi et comme conséquence leur admissibilité aux emplois publics et la suppression de toutes les marques d'infériorité que la loi ou la coutume avait infligées jusqu'alors aux non-musulmans, telles que les qualifications méprisantes dans les actes officiels, la non-recevabilité du témoignage devant les tribunaux. Poussant jusqu'au bout les conséquences de cette égalité, le khatt y humayoun énonçait le principe de l'obligation du service militaire pour les chrétiens aussi bien que pour les musulmans, sous réserve de la faculté de s'exonérer à prix d'argent. Nous verrons dans la suite que des difficultés d'application ont empêché la mise en vigueur de cette réforme, à laquelle, pour le moment, on semble avoir renoncé.

(exactement *ferman*) sont des *ordonnances* ou *décrets* rendus, soit par le Sultan directement, soit sur son ordre par le grand-vizir. Le *bérat* est un *diplôme* ou *lettre patente* nommant à une fonction, ou conférant l'investiture à un dignitaire qui n'est pas nommé par le gouvernement (par exemple à un patriarche ou à un évêque), reconnaissant les privilèges d'une corporation, etc.

Après cet exposé des principes généraux sur lesquels repose aujourd'hui le gouvernement de la Turquie, nous allons examiner quelques-uns des points principaux de l'organisation politique et administrative de ce pays.

La dignité impériale est, conformément aux traditions, héréditaire dans la famille d'Osman (1), mais d'après un ordre spécial, différent de celui qui est observé dans les monarchies occidentales. C'est, en principe, le descendant le plus direct d'Osman, parmi les princes vivants, qui doit succéder au sultan régnant.

Le souverain actuel de la Turquie est le sultan (2) *Abd-ul-Hamid II* (Soulthan Abd-ul-Hamid Khan i Sani) monté sur le trône le 11 du mois de Chaban, an 1293 de l'hégire (19/31 août 1876). Il est né le 22 septembre 1842.

A la dignité de sultan est attachée celle de calife (*Khalifé*), c'est-à-dire successeur ou lieutenant temporel du prophète. C'est pour cette raison que l'on donne aussi à l'empereur des Ottomans le titre de *commandeur des croyants* (émir-ul-mouminîn). Ces titres ne confèrent pas cependant au sultan le caractère d'un chef de la religion dans le sens propre du mot. S'il est vrai que la société musulmane ait conservé un caractère essentiellement théocratique, la loi civile se confondant avec la loi religieuse, il faut remarquer, d'autre part, qu'il n'existe

---

(1) *Osman*, successeur d'*Erthogroul*, prit, le premier, le titre de sultan, en 1300 (699 de l'hégire). C'est de lui que l'empire et le peuple ottomans ont pris leur nom (*Osmanly*, Ottoman; *devlet i osmanié*, l'État ottoman; *mémalik i osmanié*, l'empire ottoman).

(2) Le titre ordinairement donné au souverain, aussi bien dans les actes officiels que dans le langage courant, est celui de *padichah*. Le mot sultan (*soulthan*) s'emploie surtout avec le nom du souverain. *Khan* est un titre d'origine tatare que l'on ajoute au nom du sultan, mais qui ne s'emploie jamais isolément.

pas dans la religion musulmane de véritable sacerdoce, et que, dans toutes les fonctions religieuses, le caractère civil de juge ou de docteur est prédominant.

Les différentes branches des services publics sont confiées à des Ministres (*vukéla*, au singulier *vékil*, c'est-à-dire lieutenant, ou bien *nazir*, qui signifie surveillant, inspecteur) dont la réunion forme le *Conseil des Ministres* (*medjlis i vukéla*), appelé aussi *conseil privé* (*medjlis i khass*), sous la présidence du *Grand Vizir* (*vézir i azam*, ou plus exactement *sadr i azam*). On sait que le Grand Vizir n'est pas exclusivement un président du Conseil, dans le sens donné à ce titre en Occident, mais plutôt un lieutenant du Sultan, chef direct des autres Ministres ; à ce titre, il exerce une action effective sur toutes les affaires administratives. C'est au Conseil des Ministres que s'applique exactement l'expression de *Sublime Porte* (*Bab-i-humayoun*), que l'on emploie souvent, même dans les documents officiels, pour désigner le gouvernement ottoman.

A côté du grand vizir, et sur le même rang que lui, se trouve le *Cheikh-ul-Islam*, dont le caractère précis est assez difficile à déterminer, car sa compétence embrasse par certains côtés, non seulement les affaires religieuses, mais encore celles de la justice et de l'instruction. Son rôle est avant tout celui d'un interprète suprême de la loi; ses *fetvas* ou consultations juridico-théologiques font loi, même pour le souverain, qui, dans certaines questions touchant de près à la foi, est obligé d'avoir recours aux lumières du Cheikh-ul-Islam. Aussi le pouvoir de ce dignitaire a-t-il été parfois très considérable. Les autres membres du Conseil des Ministres sont : le Ministre de la guerre (*Ser 'askier*), le Ministre de la justice, le Ministre de la marine (*Bahrié naziri*), le Ministre des affaires étrangères, le Ministre de l'intérieur, le Grand Maître de l'artillerie (*Thop-Khané i amiré muchiri*), le

Ministre des finances, le Ministre des vakoufs (*Evkaf naziri*) (1), le Ministre de l'instruction publique, le Ministre du commerce et des travaux publics, le Ministre des forêts, des mines et de l'agriculture, enfin le *Musté-char* (secrétaire général) du grand vizirat.

Un *Conseil d'État* (*Choura i devlet*), dont l'organisation a été en partie inspirée de celle du Conseil d'État français, est chargé de l'étude des projets de lois et de règlements qui lui sont soumis par le gouvernement et remplit en même temps les fonctions de Cour supérieure administrative. Il est divisé en trois sections dites de législation, de l'intérieur (section administrative) et du contentieux, composées chacune d'un vice-président et de 18 à 30 membres. Le Conseil d'État est présidé, soit par l'un des Ministres (actuellement c'est le Ministre des affaires étrangères), soit par un Ministre sans portefeuille.

Les conflits qui peuvent s'élever entre les tribunaux et les conseils administratifs (*medjalis i idaré*) des provinces, sont soumis à un tribunal composé de 3 membres de la Cour de cassation et de 3 membres du Conseil d'État, sous la présidence du président de ce dernier corps.

Les fonctionnaires ottomans de tout ordre, administratifs, judiciaires, religieux, etc., sont, à peu près comme en Russie, classés en catégories correspondant aux grades

(1) On appelle *Vakouf* (au pluriel *Evkaf*) les biens religieux en général, et plus particulièrement les immeubles dont la nue-propriété a été cédée à une mosquée ou à tout autre établissement religieux. Le propriétaire, et avec quelques restrictions, ses héritiers, en conservent la jouissance, moyennant le payement d'une redevance. Les constitutions de vakouf avaient surtout pour but, autrefois, de protéger les propriétés privées contre la confiscation.

de la hiérarchie militaire, depuis celui de maréchal (*muchir*) jusqu'à celui de capitaine (*yuzbachi*) inclusivement. Ces catégories sont au nombre de neuf. Aux plus élevées sont attachés des titres honorifiques qui rappellent certaines fonctions aujourd'hui disparues, comme *mirmiran*, *beylerbey* de Roumélie ou d'Anatolie, etc.

C. — Divisions administratives.

La division administrative de l'empire ottoman diffère assez sensiblement de celle qu'ont adoptée, à l'imitation de la France, la plus grande partie des États européens et notamment ceux de la Péninsule balkanique. Nous trouvons en effet, au sommet de l'échelle administrative, de grandes régions, beaucoup plus considérables que nos départements par la superficie et même par le nombre des habitants, car, malgré la faible densité de la population ottomane, elles comptent parfois plus de 800,000 âmes.

Ces régions que l'on peut comparer assez exactement aux *provinces* du royaume de Prusse, portent le nom de *vilayet* que nous transcrirons par *gouvernement général.*

Le vilayet se divise à son tour en *sandjaks* (que l'on appelle aussi parfois *livas*) (1). Le nombre des sandjacks varie de 2 à 6 par vilayet ; ils se subdivisent eux-mêmes en *kazas* (ordinairement de 4 à 7). On peut donc rapprocher jusqu'à un certain point les sandjaks et les kazas de nos départements et de nos arrondissements, sauf la différence qui résulte de la moindre densité de la population turque. En poursuivant la comparaison avec la division administrative prussienne, nous dirons avec

---

(1) Les deux mots *sandjak* et *liva* signifient *drapeau*. Ces dénominations sont des souvenirs de la conquête. On verra plus loin que *liva* désigne également une *brigade*.

plus d'exactitude que le *sandjak* correspond au *district de régence* (*Regierungsbezirk*) et le *kaza* au *cercle* (*Kreis*).

Le vilayet est administré par un *vali* (gouverneur général) investi de pouvoirs administratifs très étendus qu'il cumule même parfois avec le commandement militaire (sur l'annuaire pour 1893, le vali du Yémen est le commandant en chef du VIIe corps d'armée).

Le vali est, en principe, assisté d'un suppléant ou adjoint (*muavin*), qui le remplace en cas d'absence ; mais ce poste n'est pas toujours pourvu d'un titulaire.

Le *sandjak* et le *kaza* sont administrés, le premier par un *mutessarif* (préfet), le second par un *kaïmakam* (sous-préfet).

Au-dessous du *kaza* se trouve encore une subdivision appelée la *nahié*, qu'une assimilation inexacte a fait parfois donner pour une commune. En réalité c'est une division administrative de même nature que le kaza, mais d'ordre inférieur, une sorte de sous-arrondissement qui comprend souvent de 50 à 100 villages, parfois plus. La nahié est administrée par un *mudir*, assisté ordinairement d'un adjoint (*muavin*). Il n'en existe que dans les kazas très étendus qui ne paraissent pas pouvoir être placés en entier sous l'administration immédiate du kaïmakam.

Les différentes branches des services publics sont représentées auprès du vali et du mutessarif par un grand nombre de fonctionnaires, parmi lesquels nous citerons : au chef-lieu du vilayet, le *houkouk mufettichi*, inspecteur des services judiciaires, le *kady* et le *naïb*, juges du droit musulman, le *defterdar*, chef du service des finances, l'inspecteur des contributions (*ressoumat naziri*), le *mektoubdji*, secrétaire général du vilayet, le directeur de l'instruction publique (*mou'arif mudiri*), le directeur des affaires étrangères, le *mufti*, chef de la religion musulmane, le *nufous naziri*, fonctionnaire chargé de la statistique de la population, etc. ; au chef-lieu du sandjak, le kady, le naïb, le mufti, le chef du service financier (*muhasébédji*), le directeur des contributions (*ressoumat mudiri*), le chef de la correspondance, etc. Au chef-lieu du kaza se trouvent également un kady, un naïb, un mufti, un sous-directeur des contributions (*mal mudiri*).

Le fonctionnaire, placé à la tête de chaque division administrative, vilayet, sandjak ou kaza, est assisté d'un *conseil administratif* permanent (*medjlis i idaré* ou *idaré medjlissi*) qu'il préside lui-même, et qui se compose : 1° des principaux fonctionnaires de la circonscription ; 2° des chefs des communautés religieuses non musulmanes (métropolitain, évêque ou archiprêtre, grand rabbin, etc.) ; 3° de membres élus (6 pour le conseil de vilayet, 4 pour les autres) musulmans et non-musulmans, en nombre égal.

La loi prévoit aussi l'existence dans chaque vilayet d'un *conseil général* (*medjlis i 'oumoumi*) élu par la population, à raison de 4 membres par sandjak. Le conseil doit se rassembler une fois par an au chef-lieu, pour délibérer sur les affaires d'intérêt général du vilayet, telles que la répartition des impôts, les constructions de routes, les mesures propres à encourager le commerce et l'industrie, etc.

Les différentes nationalités reconnues légalement élisent dans chaque kaza, un *conseil de communauté* (*djémaat medjlissi*) composé de 4 à 8 membres. Les nahiés possèdent également des conseils, composés exclusivement de membres élus, et présidés par le mudir.

Il existe un certain nombre de sandjaks qui, soit pour des raisons de police locale, soit à titre de privilège, sont placés en dehors des circonscriptions des vilayets et dépendent directement du gouvernement central. De ce nombre est le sandjak du *Mont-Liban*, en Syrie, qui jouit d'une organisation administrative spéciale. Son mutessarif doit être un chrétien, et sa nomination est soumise à l'assentiment des grandes puissances.

L'administration communale est confiée dans les villes à une *municipalité* (*dairé i béledié*) composée de membres élus, en nombre variable selon la population. Le président (*reïs*) de la municipalité remplit les fonctions de maire. Dans les campagnes, chaque village et, s'il y a lieu, chaque communauté religieuse ou nationale d'un même village, constitue un groupe municipal à la tête duquel se trouve un *moukhtar* (maire) et un *conseil des anciens* (*ikhtiar medjlissi*).

En plus de leurs attributions municipales, les moukhtars sont chargés de la perception des impôts.

En outre du sandjak du Mont-Liban, quelques autres parties de l'Empire jouissent de privilèges administratifs spéciaux. Ce sont l'*île de Crète* et la presqu'île du *Mont-Athos*. L'organisation de la Crète est analogue à celle des autres vilayets à laquelle elle paraît même avoir servi de modèle, mais elle s'en distingue cependant par la répartition obligatoire des fonctions administratives entre les musulmans et les chrétiens. Le gouverneur général est assisté de deux adjoints, l'un chrétien, l'autre musulman et de deux secrétaires généraux, dont l'un pour la langue grecque, placée sur le même rang que la langue turque pour toutes les affaires de l'île. Les mutessarifs et les kaïmakams appartiennent à la religion de la majorité de leurs administrés et sont assistés chacun d'un adjoint appartenant au culte de la minorité. L'organisation et les attributions du conseil général sont un peu différentes de celles en vigueur dans les autres vilayets.

La presqu'île du *Mont-Athos* (en grec *Ayion-Oros*, la Montagne-Sainte), une des trois langues de terre qui terminent la Chalcidique, forme une sorte de république monastique entièrement libre dans son administration intérieure et astreinte seulement au payement d'une redevance de 16,000 francs environ.

La division administrative de la Turquie a subi jusqu'à présent, surtout en Asie, d'assez fréquentes variations. Aussi, est-il rare de trouver deux ouvrages qui, sur ce sujet, contiennent des renseignements identiques.

Nous donnons ci-après la liste des vilayets avec le nombre de leurs subdivisions, conformément aux indications contenues dans l'annuaire de l'Empire (*Salnamé i devlet i osmanié*) pour l'an 1311 de l'hégire (1893-1894). Sauf dans un petit nombre de cas, qui seront indiqués spécialement, les vilayets portent le nom de leur chef-lieu.

VILAYETS.	NOMBRE DE				POPULATION.	
	SANDJAKS.	KAZAS.	NAHIÉS.	LOCALITÉS habitées.	NOMBRE d'habitants.	NATIONALITÉS.
			I. — En Europe.			
Andrinople.........	6	33	118	1,941	923,000	Turcs, Grecs, Bulgares.
Salonique...........	3	23	22	1,860	966,000	Bulgares, Grecs, Turcs, Israélites.
Monastir............	5	16	24	1,170	838,000	Bulgares, Macédo-Roumains, Albanais, Turcs, Grecs.
Kossovo (1)..........	6	21	16	3,120	910,000	Serbes, Bulgares, Albanais, Grecs.
Ianina..............	4	15	14	1,353	698,000	Albanais, Grecs, Macédo-Roumains.
Scutari.............	2	8	10	476	322,000	Albanais.
Crète (2).	5	14	12	1,104	250,000	Grecs.
			II. — En Europe et en Asie.			
District métropolitain (Chehir éminéti) (3).	»	6	3	206	873,000	Turcs, Grecs, Arméniens, Bulgares.
Iles de l'Archipel (4).	4	14	19	238	300,000	Grecs.

(1) Chef-lieu : *Uskub* (*Skopié*). — (2) Chef-lieu : *la Canée*. — (3) Constantinople et sa banlieue immédiate, tant en Europe, qu'en Asie, constituent une circonscription spéciale, administrée à peu près dans les mêmes conditions qu'un vilayet, par un *préfet urbain* (*chéhir émini*). La ville elle-même est divisée en 10 arrondissements, ayant chacun une *municipalité* (*daïré i belédié*) présidée par un *mudir*. — (4) Chef-lieu : *Rhodes*.

VILAYETS.	NOMBRE DE				POPULATION.	
	SANDJAKS.	KAZAS.	NAHIÉS.	LOCALITÉS habitées.	NOMBRE d'habitants.	NATIONALITÉS.
			III. — En Asie.			
			a) *Asie Mineure.*			
Khodavendguiar (1)..	5	25	34	3,059	930,000	Turcs, Grecs.
Konié.	5	25	24	1,939	840,000	Turcs.
Angora.	4	21	16	2,404	560,000	Turcs.
Aïdin (2).	5	34	51	2,797	870,000	Turcs, Grecs.
Adana.	4	15	23	1,329	310,000	Turcs.
Kastamouni.	4	18	28	3,858	840,000	Turcs.
Sivas.	4	22	233	3,071	820,000	Turcs.
			b) *Arménie, Kurdistan, etc.*			
Diarbékir.	3	10	83	3,102	160,000	Kurdes, Turcs, Grecs, Arabes.
Bitlis.	4	13	7	1,989	100,000	Kurdes, Arméniens.
Erzeroum.	3	17	169	2,190	460,000	Arméniens, Kurdes.
Ma'mouret ul 'Aziz (3).	3	13	29	2,401	280,000	Kurdes, Arméniens, Arabes.
Van.	2	13	105	1,595	105,000	Arméniens, Kurdes.
Trébizonde.	4	18	24	2,738	790,000	Turcs, Grecs, Lazes, Géorgiens, Arméniens.
			c) *Mésopotamie.*			
Bassora.	4	10	27	217	740,000	Arabes.
Bagdad.	3	16	28	60	600,000	Arabes.
Mossoul.	3	14	22	3,331	790,000	Arabes.
			d) *Syrie.*			
Alep.	3	20	50	3,261	490,000	Arabes et populations assimilées.
Syrie (4).	4	18	»	1,036	150,000	Arabes et populations assimilées.
Beyrout.	5	16	43	2,957	440,000	Arabes et populations assimilées.
			e) *En Arabie.*			
Hedjaz (5).	3	5	2	?	?	Arabes.
Yemen (6).	4	27	75	1,333	?	Arabes.
			IV. — En Afrique.			
Tripoli de Barbarie.	4	16	23	?	»	Arabes.
			Sandjaks indépendants des vilayets.			
			a) *En Europe.*			
Tchataldja.	»	3	1	93	50,000	Grecs, Turcs.

(1) Chef-lieu : *Brousse*. — (2) Chef-lieu : *Smyrne*. — (3) Chef-lieu : *Kharpout*. — (4) Chef-lieu : *Damas*. — (5) Chef-lieu : *la Mecque*. — (6) Chef-lieu : *Sana*.

VILAYETS.	NOMBRE DE				POPULATION.	
	SANDJAKS.	KAZAS.	NAHIÉS.	LOCALITÉS habitées.	NOMBRE d'habitants.	NATIONALITÉS.
				b) En Asie.		
Dardanelles (Kalé i Sultanié).	»	5	7	403	120,000	Grecs, Turcs.
Ismid..............	»	4	12	606	180,000	Grecs, Turcs.
Zor (1)............	»	3	4	149	140,000	Arabes.
Mont-Liban.........	»	8	39	941	220,000	Maronites, Druses, Arabes, etc.
Jérusalem..........	»	3	2	328	240,000	Arabes, Israélites, etc.
				c) En Afrique.		
Benghazi...........	»	3	9	?	»	Arabes.

(1) Ce sandjak se trouve entre la Syrie et la Mésopotamie ; il dépendait précédemment du vilayet d'Alep.

D. — ORGANISATION SPÉCIALE DES CULTES ET DES NATIONALITÉS.

Après avoir exposé l'organisation administrative de la Turquie, il convient de dire quelques mots de la constitution religieuse de ses différentes nationalités, car, dans l'Empire ottoman, chez les chrétiens comme chez les musulmans, la religion joue, dans un grand nombre de circonstances, un rôle prépondérant.

En effet, d'une part, la société civile musulmane est essentiellement basée sur la loi religieuse, et, d'autre part, le Coran établit une séparation formelle entre les croyants et les infidèles. Il en est résulté que la domination ottomane dans les pays chrétiens, quelle qu'ait été sa durée, n'a pas pu amener de fusion entre la race conquérante et les populations conquises, sauf dans le cas où ces dernières, comme en Albanie et en Bosnie, se sont, en partie, converties à l'Islam. Comme la législation ottomane n'était pas, en général, applicable aux sujets non musulmans, il a fallu laisser à ces derniers leurs législations propres, ainsi que des autorités nationales pour en diriger l'application. Il s'est, en résumé, produit lors des conquêtes turques en Europe, un phénomène correspondant, mais en sens inverse, à celui qui accompagne les conquêtes des puissances européennes en pays musulman ; celles-ci se voient, en effet, comme par exemple la France en Algérie, obligées de laisser à leurs sujets mahométans, leur législation civile et leurs juges spéciaux.

Les autorités ecclésiastiques étaient tout naturellement désignées pour recevoir la part de pouvoir abandonnée par le vainqueur à ses sujets chrétiens. D'abord, elles étaient seules restées debout après la chute de l'Empire byzantin, puis le caractère théocratique de l'organisation politique des Ottomans les disposait à réunir pour les chrétiens le pouvoir civil au pouvoir religieux. Les Grecs qui constituaient, parmi les chrétiens de l'Empire ottoman, l'élément le plus puissant par ses lumières et ses richesses, profitèrent de ces circonstances pour faire reconnaître le patriarche de Constantinople comme chef officiel des chrétiens orthodoxes de l'Empire, et obtenir pour lui ainsi que pour son clergé, d'importants privilèges. Dans la suite, d'autres communautés obtinrent des immunités analogues.

C'est donc d'après leur culte que sont classés les sujets du Sultan, et c'est dans le sens de *communauté religieuse* que l'on doit entendre le terme *millet* (1) (au pluriel *milel*) par lequel on désigne les différentes nationalités qui vivent dans l'Empire. Ainsi, lorsque dans un document turc il est question de la *nation grecque* (*roum mil-*

---

(1) Quoique le mot *millet* (nation) soit toujours employé, on tend à le remplacer dans le langage officiel par le mot *djema'at* (réunion, communauté), qui prête moins à une interprétation séparatiste.

leti), ce terme embrasse non seulement les habitants de race hellénique, mais encore les Albanais et les Serbes orthodoxes, les Macédo-Roumains, et les Bulgares restés attachés au Patriarcat.

Les rescrits de 1839 et de 1856 ont proclamé l'entière liberté des cultes, tout en laissant à l'islamisme le caractère de religion de l'État. La *religion musulmane* est professée par les deux tiers, environ, des habitants de l'Empire, de 15 à 16 millions d'âmes (1).

La société civile musulmane est basée exclusivement sur la loi religieuse, à peu près comme chez les Hébreux aux temps bibliques, avec cette différence cependant qu'il n'existe pas dans l'Islam de caste sacerdotale ; les dignitaires dont le caractère nous paraît plus spécialement religieux, tels que les *muftis* et les *imams*, sont, les premiers, des docteurs, interprètes de la loi, les seconds des ministres officiants, chargés de l'accomplissement ordinaire de certaines cérémonies du culte que tout croyant serait d'ailleurs en droit de remplir comme eux.

Le livre sacré, le Coran, forme la base de la législation civile. Aussi, les fonctions judiciaires se sont-elles, de tout temps, trouvées en étroite liaison avec celles du culte proprement dit. Les juges et les ministres de la mosquée (les plus élevés tout au moins de ceux-ci) appartiennent à un même corps, celui des *ouléma* (docteurs, savants). Les ouléma se recrutent parmi les étudiants (*softa* ou *thalébé*) des *médaris* (pluriel de *médrésé*), écoles de théologie et de législation musulmane ordinairement annexées aux mosquées les plus importantes. Les principaux emplois auxquels peuvent parvenir les anciens élèves

---

(1) Dans ce nombre figurent la totalité des Turcs (9,700,000) et des Kurdes (1,300,000), presque tous les Arabes (2,800,000), la majorité des Albanais (500,000), environ 320,000 Serbes et Bulgares, enfin diverses autres populations peu nombreuses, Tcherkesses, Lazes, Métualis, Tsiganes, etc. Environ 2,300,000 musulmans habitent la Turquie d'Europe.

des *médaris* sont : 1° dans le service du culte, ceux d'*iman*, de *khatib* (chargés de lire la prière à la mosquée, et de *cheikh* (prédicateur et supérieur de communauté) ; 2° dans le service judiciaire, de *mufti*, *kady* ou *kazy*, *naïb* et *kazy'askier*.

Les *muftis* ont pour attribution spéciale de donner des consultations par écrit (*fetva*) sur des points de droit musulman.

Les *kadys* sont les juges chargés d'appliquer la législation musulmane. Ils siègent seuls comme nos juges de paix et prononcent ordinairement leurs sentences sur le vu du *fetva* délivré par le *mufti*. Le *naïb* est l'adjoint du *kady*, mais si l'on en juge par les indications de l'Annuaire officiel (*Salnamé*) le poste de kady est souvent vacant, celui de naïb étant seul rempli.

Il existe en principe un *kady*, un *naïb* et un *mufti* dans chaque chef-lieu de vilayet, de sandjak et de kaza.

Les recours contre les sentences des *kadys* ou des *naïbs* sont portés devant une cour suprême siégeant à Constantinople et divisée en deux chambres dont les ressorts embrassent respectivement les provinces d'Europe et celles d'Asie. Les présidents de ces deux chambres, malgré le caractère exclusivement civil de leur juridiction, portent encore le titre traditionnel de *kazy'askier* (juge de l'armée) de Roumélie ou d'Anatolie.

Les tribunaux dont nous venons d'exposer l'organisation, ne sont compétents que pour les contestations civiles entre musulmans et, à l'égard des non-musulmans, pour certaines affaires qui doivent être jugées d'après le Coran (1). On les caractérise par l'épithète de *chér'i*,

(1) De ce nombre sont, par exemple, les affaires de successions *ab intestat*. La juridiction des tribunaux musulmans sur les chrétiens varie d'ailleurs dans les diverses communautés, selon l'étendue des privilèges dont elles jouissent. Ainsi, cette juridiction est plus restreinte à l'égard des Grecs que des autres chrétiens ottomans.

c'est-à-dire qui se rapporte à la *loi religieuse* (*cher'*). Cette juridiction correspond, en somme, à celle de nos tribunaux musulmans d'Algérie. Elle s'applique particulièrement aux affaires qui concernent la constitution de la famille, les droits respectifs des époux et des enfants, les successions, etc.

La partie *non musulmane* de la population ottomane se compose des israélites et des chrétiens. Ces derniers se subdivisent en un assez grand nombre de rites dont les uns se rattachent à l'Église orientale, dite orthodoxe, les autres à l'Église romaine, tandis que quelques-uns sont complètement indépendants. Les églises protestantes ne comptent, en dehors des étrangers, qu'un petit nombre d'adhérents, qui sont, pour la plupart, des Arméniens, convertis par les missionnaires américains.

Presque tous ces rites constituent des communautés ou *nations* (*milel*) distinctes, ayant leur organisation et leurs chefs reconnus par la Porte. Nous en donnerons plus loin la liste.

Actuellement, le chef (*millet-bachy*, *rés i millet*) de chaque communauté ou nation est, en règle générale, un haut dignitaire ecclésiastique, nommé conformément aux règles traditionnelles de chaque Église, mais confirmé par un *bérat* (lettre-patente, diplôme) de la Porte. Il est assisté pour l'administration des affaires de la nation par des conseils, ecclésiastiques, civils ou mixtes, avec le consentement desquels il peut établir sur ses coreligionnaires certains impôts pour subvenir aux besoins de la communauté, notamment à l'entretien des églises, des écoles, des établissements de bienfaisance.

Les dignitaires ecclésiasques de second ordre exercent des attributions analogues dans leurs ressorts; ils sont les représentants officiels de leurs coreligionnaires auprès des autorités turques et, comme on l'a vu, siègent aux conseils administratifs des vilayets, sandjaks et kazas.

Le tableau suivant donne les noms des communautés qui figurent sur le dernier Annuaire ottoman, leur importance numérique et les titres de leurs chefs.

NATIONS.	POPULATION (Chiffre approximatif).	LANGUE LITURGIQUE.	CHEFS DES NATIONS.	NOMBRE de métropolitains ou évêques sur le territoire ottoman.
			I. — Orthodoxes.	
Grecs............	3,000,000	Grec ancien.	Patriarche de Constantinople (1).	116
Bulgares (2)...........	850,000	Vieux slavon.	Exarque, résidant à Constantinople.	4
			II. — Uniates (Catholiques de rite oriental).	
Bulgares unis.........	25,000	Vieux slavon.	Archevêque de Constantinople.	2
Arméniens unis........	50,000	Arménien.	Patriarche arménien uni de Constantinople.	18
Grecs-Melkites (3).....	80,000	Arabe.	Patriarche melkite d'Antioche.	26
Syriens unis...........	40,000	Syriaque.	Patriarche syrien d'Antioche.	6
Maronites............	200,000	Syriaque.	Patriarche maronite d'Antioche.	8
Chaldéens unis........	130,000	Chaldaïque.	Patriarche de Mossoul.	10
			III. — Divers.	
Arméniens-Grégoriens..	2,100,000	Arménien.	Patriarche arménien-grégorien de Constantinople (4).	35
Jacobites (Syriens non unis).	60,000	Syriaque.	Patriarche résidant au monastère de Zaféran (vilayet de Diarbékir).	3
Nestoriens............	30,000	Chaldaïque.	Patriarche de Kokhanès (Kurdistan).	2

(1) La juridiction du patriarche de Constantinople s'étend, en dehors des possessions ottomanes immédiates, sur la Bosnie-Herzégovine et sur les orthodoxes de *race grecque* de la principauté de Bulgarie. Il existe encore trois autres patriarches grecs orthodoxes : ce sont ceux d'Antioche, de Jérusalem et d'Alexandrie. D'après les documents grecs, le nombre des fidèles soumis au patriarcat s'élèverait à 4,680,000.

(2) Les Bulgares sont constitués en église autonome (autocéphale) depuis 1871. La juridiction ecclésiastique de l'exarque s'étend aussi sur la principauté de Bulgarie. Les Macédo-Roumains et les Serbes de Turquie manifestent depuis quelques années des tendances à la constitution d'Eglises distinctes sur les mêmes bases que l'Eglise bulgare, c'est-à-dire avec une hiérarchie distincte et l'usage de la langue nationale dans la liturgie.

(3) Malgré la dénomination de Grecs qu'ils portent traditionnellement, les Melkites sont, pour la plupart, de race arabe et se servent, dans la liturgie, de leur langue nationale.

(4) Le patriarche de Constantinople, quoique chef politique de la nation arménienne, n'a pas le premier rang dans l'ordre religieux. Le chef de la religion est le *catholicos d'Etchmiadzin*, dont la résidence se trouve sur le territoire russe. Il existe de plus, en Turquie, deux autres catholicos, ceux de Cilicie et d'Aghtamar (île du lac de Van), et un second patriarche, celui de Jérusalem.

Aux communautés énumérées dans ce tableau, il faut ajouter les *catholiques de rite latin* répandus dans une grande partie de l'Empire et appartenant surtout aux nationalités albanaise, serbe, bulgare et grecque. Les catholiques de l'Albanie sont sous la protection de l'Autriche, ceux du reste de l'Empire sont protégés par la France.

Les *Israélites* possèdent une organisation analogue à celle des communautés chrétiennes. Ils ont à leur tête le grand-rabbin (*Khakham-bachy*) de Constantinople et dix grands-rabbins provinciaux.

De même que les musulmans ont leurs tribunaux jugeant d'après la loi sacrée, les autorités des communautés chrétiennes ont été investies d'une partie du pouvoir judiciaire. Les procès en rupture de mariage, les contestations relatives à la constitution de la famille et, d'une façon générale, les affaires régies par les lois ou les coutumes spéciales à chaque culte, sont jugés par des tribunaux ecclésiastiques institués dans chaque diocèse (ou dans chaque circonscription rabbinique) ; les appels des sentences rendues par ces tribunaux sont portés devant le tribunal patriarcal. Les tribunaux ecclésiastiques pouvaient aussi juger au criminel quand les accusés étaient des membres du clergé, mais ce droit a été restreint en 1890 (1). L'organisation de ces tribunaux et même leur compétence varient suivant les différentes communautés.

E. — Organisation judiciaire.

En outre des tribunaux spéciaux aux différentes nationalités, dont nous venons d'indiquer la nature et le rôle, il en existe dont la compétence s'étend à tous les sujets de l'Empire sans distinction de race ou de religion. Ces

(1) Il faut remarquer cependant que, en vertu des privilèges de l'Église grecque, confirmés en 1891, les prêtres de cette Église ne peuvent être jugés par les tribunaux ordinaires qu'après avoir été réformés par l'autorité ecclésiastique.

tribunaux sont désignés sous le nom de tribunaux réglementaires (*mehkémé i nizamié*) ou de tribunaux du *Tanzimat*; ce nom provient de ce que leur institution, ainsi que la mise en vigueur des codes qu'ils sont chargés d'appliquer, fut une des parties de l'ensemble de *réformes* (*Tanzimat*) inaugurées par le Khatt y chérif de Gulkhané.

Les tribunaux du *Tanzimat* fonctionnent à la fois comme tribunaux civils et comme tribunaux répressifs ; mais en matière civile ils ne connaissent que des questions résultant des obligations, les affaires de statut personnel et de succession rentrant, comme on l'a vu plus haut, dans la compétence des tribunaux religieux, musulmans ou chrétiens.

Il n'existe pas, dans l'Empire ottoman, de tribunaux spéciaux correspondant à nos justices de paix, mais les attributions de ces dernières sont exercées par les *conseils des anciens* de chaque village et par les *conseils de nahié* qui jugent en dernier ressort les contestations dont l'objet ne dépasse pas une valeur de 150 piastres (environ 35 francs), et en matière répressive prononcent, comme tribunaux de simple police, sur les contraventions. Les parties peuvent aussi, d'un commun accord, soumettre à la décision de ces conseils les différends portant sur une valeur supérieure à 150 piastres. Le rôle de ces tribunaux populaires, comme celui de nos justices de paix, est principalement de concilier les parties.

La division judiciaire de l'Empire ottoman correspond à la division administrative. Chaque *kaza* possède un *tribunal de 1re instance* (*mehkémé i bédaiet*) et chaque *vilayet* une *cour d'appel* (*mehkemé i istinaf*).

Les attributions du tribunal de 1re instance ottoman, soit au point de vue civil, soit au point de vue correctionnel, sont tout à fait analogues à celles de la juridiction française correspondante. Il remplit également les fonctions de tribunal d'appel à l'égard des décisions rendues en premier ressort par les juridictions inférieures (conseils des anciens et conseils de nahié), et celles de tribunal commercial dans les kazas qui n'ont pas de tribunal spécial de commerce.

Les tribunaux de 1re instance siégeant aux chefs-lieux des vilayets et des sandjaks sont ordinairement composés de deux chambres, la chambre *civile* (*houkouk qysmi* ou *houkouk daïrési*) et la chambre *correctionnelle* (*djéza qysmi* ou *djéza daïrési*) ; chacune d'elles comprend un président (l'un des deux présidents est en même temps président du tribunal) et deux juges. Il n'y a qu'un procureur-adjoint ou substitut (*muddeï 'oumoumi muavini*) par tribunal. Les autres tribunaux ne comprennent qu'une seule chambre.

Chaque vilayet possède une *cour d'appel* (*mehkemé i istinaf*) formée de deux chambres composées chacune d'un président et de quatre conseillers. La chambre *civile* remplit les fonctions de nos cours d'appel, tandis que la chambre *criminelle* possède la compétence de nos *cours d'assises*, mais juge sans l'assistance du jury. Le ministère public est représenté par un *procureur* (*muddeï 'oumoumi*).

Enfin, au sommet de l'organisation judiciaire se trouve la *Cour de cassation* (*mehkémé i temmiiz*) résidant à Constantinople et composée de trois chambres, *civile*, *criminelle* et des *requêtes* (*istida daïresi*).

Les tribunaux du Tanzimat, jugeant d'après des codes uniformes pour tout l'Empire (promulgués en 1876) et ayant pour justiciables les chrétiens aussi bien que les musulmans, leurs juges sont choisis sans distinction de religion. Il arrive souvent, surtout dans les vilayets asiatiques, que le kady ou le naïb d'une circonscription est en même temps président de la Chambre civile de la cour ou du tribunal de sa résidence.

La Turquie possède aussi une *juridiction commerciale* distincte de la juridiction civile. Un *tribunal de com-*

merce (*tidjaret mehkémési*) est établi dans chacune des principales villes. Dans quelques autres, des juges commerciaux sont adjoints au tribunal de 1re instance pour l'examen des affaires commerciales.

On sait que, en vertu de traités pour la plupart assez anciens, appelés *capitulations*, les étrangers sont dans certains cas soustraits à la juridiction ottomane. Les procès entre étrangers sont jugés devant le consul de la puissance à laquelle ressortit le défendeur, mais le consul du demandeur peut se faire représenter à l'audience.

F. — Instruction publique.

L'instruction est donnée en Turquie, soit dans les écoles de l'État, qui n'ont plus actuellement un caractère exclusivement confessionnel, mais où l'enseignement se donne cependant partout en langue turque, soit dans les écoles entretenues par les différentes nations ou communautés religieuses. Ces dernières, bien que soumises dans une certaine mesure à la surveillance des autorités turques, dépendent exclusivement des communautés en ce qui concerne leur administration, leurs programmes, la nomination des professeurs, etc.

Il existe aussi des écoles de divers degrés entretenues par des Sociétés étrangères telles que différents ordres religieux français, qui possèdent un grand nombre d'écoles dans toutes les parties de l'Empire (surtout dans les provinces orientales), l'Alliance israélite universelle, dont le siège est à Paris, les missions protestantes américaines (principalement à Constantinople et en Arménie), les ordres religieux italiens dans l'Albanie et la Macédonie septentrionale, etc.

Les écoles turques se divisent en *écoles primaires*

(*mékiatib i ibtidaïé*), écoles *primaires supérieures* (*mékiatib i ruchdié*), *collèges* ou *lycées* (*mékiatib i i'dadié*). Le programme de l'enseignement scientifique dans ces derniers établissements correspond à peu près à celui de nos lycées.

Dans la partie littéraire, l'étude des langues occupe une très grande place, la connaissance de l'arabe et du persan étant indispensable à tout Turc tant soit peu instruit, et d'autre part la variété des nationalités rendant nécessaire l'introduction dans l'enseignement, des langues locales, par exemple, du grec et du bulgare, en Thrace et en Macédoine. Le français figure également sur les programmes de l'enseignement secondaire. Il joue d'ailleurs en Turquie le rôle d'une langue commune au moyen de laquelle les Ottomans de toute race et les étrangers de toute nationalité peuvent s'entendre entre eux.

Il existe à Constantinople sous le nom de *Mekteb i soulthani*, un lycée, fondé en 1868, et dont l'enseignement est plus complet que celui des collèges et plus conforme aux programmes de l'enseignement européen.

L'enseignement supérieur est représenté à Constantinople par une *école de droit* (*houkouk mektébi*), une *école des sciences politiques* (*mekteb i mulkié i chahané*) destinée à préparer les candidats aux fonctions de l'ordre administratif, une *école civile de médecine* (*mekteb i thebbié i mulkié*).

Parmi les écoles techniques dépendant des différents ministères, nous citerons : *l'école des mines et des forêts*, *l'école agricole et vétérinaire*, plusieurs écoles professionnelles (*sanaï 'mékiatibi*), tant à Constantinople que dans les provinces, les écoles normales d'instituteurs et d'institutrices, l'école des sourds-muets, etc.

Parmi les écoles entretenues par les différentes communautés nationales, les plus nombreuses et les mieux dotées sont naturellement les écoles grecques, que l'on rencontre dans presque toute la Turquie d'Europe, dans les îles et en Asie Mineure ; mais depuis une vingtaine d'années, les Bulgares se sont mis à l'œuvre avec ardeur, et malgré les ressources restreintes dont ils disposent, ont réussi à fonder un nombre important d'écoles primaires en Macédoine et en Thrace, quelques écoles secondaires dans les villes les plus importantes de ces régions et même un gymnase (lycée) complet à Salonique. Les Arméniens possèdent également des écoles assez nombreuses à Constantinople, en Arménie, et dans les différentes villes de l'Empire où se trouvent des colonies importantes de leurs compatriotes.

Les Serbes, encouragés et soutenus par le gouvernement du royaume de Serbie, se sont mis également depuis un certain nombre d'années à multiplier les écoles nationales dans le vilayet de Kossovo et cherchent à en établir, comme moyen de propagande, dans les autres parties de la Macédoine. L'institution de Saint-Sava, à Belgrade, a pour but de donner l'instruction à de jeunes Serbes originaires des districts soumis à la Turquie, et de former des professeurs pour les écoles des mêmes régions.

Enfin, les Macédo-Roumains commencent à s'émanciper de l'influence grecque à laquelle ils ont longtemps été soumis, et à substituer l'enseignement roumain à l'enseignement hellénique dans les écoles des localités qu'ils habitent.

Parmi toutes les nationalités européennes, les Albanais seuls n'ont jusqu'à présent aucune institution culturale qui leur soit propre. Dans le sud de l'Albanie, les écoles sont exclusivement grecques ; dans le nord elles sont surtout italiennes et tenues par des religieux de cette nationalité.

Parmi les jeunes gens incorporés chaque année dans l'armée ottomane et qui, ainsi qu'on le verra plus loin, appartiennent sans exception au culte musulman, les illettrés représentent encore une proportion de 90 à 92 pour 100. Les vilayets de l'Asie Mineure et notamment ceux d'Angora et de Kastamouni sont ceux où l'instruction est le plus répandue dans la population musulmane.

G. — Monnaies, poids et mesures, calendrier.

L'unité monétaire turque est la *piastre* (*ghourouch*) dont la valeur est actuellement d'environ 22 centimes et qui se divise en 40 *paras ;* le *para* vaut donc à peu près un demi-centime.

Lorsqu'il s'agit de sommes importantes, on emploie d'ordinaire une unité spéciale, la *livre turque* (*lira*) de 100 piastres (22 à 23 francs). Autrefois, on comptait aussi par *bourses* (*kisé*) de 500 piastres.

Les poids et mesures métriques ont été officiellement introduits en Turquie et sont effectivement employés dans les publications administratives, au moins en ce qui concerne les mesures de longueur et de superficie ; mais, dans la pratique, on se sert surtout des anciennes mesures, dont les unités principales sont : pour les poids, l'*oque* (*oka*) équivalant à 1 kilog. 282 et se divisant en 400 *drachmes* (*dirhem*), le quintal turc (*qanthar*) de 44 oques (56 kilogr. 408) ; pour les longueurs, l'*archyn* (0^m,675) et l'*endazé* (0^m,645) ; pour les surfaces, le *deunum* (900 mètres carrés); pour le mesurage des grains, le *kilé* dont la valeur varie beaucoup suivant les localités (entre 37 et 128 litres).

Les Turcs, comme tous les peuples musulmans, ont adopté le calendrier arabe, basé exclusivement sur le mouvement de la lune. Ses douze mois, alternativement de 29 et de 30 jours, forment une année de 354 jours. L'ère musulmane a, comme chacun sait, pour point de départ, l'*Hégire*, c'est-à-dire la fuite (en arabe *hidjré*) de Mahomet, de la Mecque à Médine (16 juillet 622 de l'ère chrétienne). L'an 1311 de l'Hégire a commencé le 15 juillet 1893 pour se terminer le 5 juillet 1894.

C'est le calendrier arabe qui règle les actes de la vie sociale et religieuse des Musulmans, les fêtes nationales, etc. C'est d'après lui que sont datés les actes officiels. Mais depuis que la Turquie a commencé à rapprocher son organisation de celle des États européens, l'usage d'un calendrier en complet désaccord avec celui dont se sert tout le reste du monde civilisé, ne pouvait manquer de présenter des inconvénients. En particulier, les rapports financiers de l'Empire ottoman avec l'Occident rendaient nécessaire l'adoption d'un exercice de même durée que celui des autres puissances. Ces considérations ont amené l'adoption, pour certains services publics, d'une *année financière* (*séné i malié*), réglée sur le calendrier julien en usage chez presque tous les sujets chrétiens du Sultan, et, par suite, complètement indépendante de l'année lunaire (*séné i qamrié*) du calendrier arabe. L'année financière commence le 1er mars à la grecque (13 mars, nouveau style). En ce qui concerne le millésime, les années financières suivent l'ère musulmane, mais, par suite de la différence de durée des années lunaire et solaire, il n'y a plus de coincidence entre les deux séries de dates. Ainsi, nous sommes actuellement dans l'année financière 1310, qui a commencé le 1er/13 mars 1894 et dans l'année lunaire 1312, qui a commencé le 6 juillet 1894.

L'année financière sert non seulement pour la comptabilité publique, mais encore pour tous les services techniques, la statistique, les services militaires (notamment pour les opérations du recrutement), etc. Les actes officiels communiqués au public sont, en général, datés d'après ce système en même temps que d'après le calendrier arabe.

H. — Finances.

Les revenus de la Turquie se composent des contributions directes et indirectes, des recettes provenant des régies et monopoles de l'État ainsi que des propriétés foncières, des mines et des forêts qui lui appartiennent, enfin des tributs payés par les États vassaux ou par certains districts privilégiés.

Les *contributions directes* sont : l'*impôt foncier* (*emlak* et *'aqar*), l'*impôt sur les revenus industriels* (*temettik*), la *taxe de remplacement militaire* (*bédel i askéri*) payée par les chrétiens du sexe masculin (à l'exception des membres du clergé paroissial et de l'épiscopat) (1), la taxe sur les moutons et sur les porcs, la *dime* (*'ochour*, pluriel *a'char*), sur les produits agricoles, impôt perçu en principe en nature, mais plus ordinairement remplacé par une contribution en argent (*a'char bedeli*).

Parmi les *contributions indirectes* ou assimilées nous pouvons ranger les droits de timbre, le *tapou*, taxe spéciale sur l'établissement et le renouvellement des titres de propriétés, les droits sur les spiritueux, les droits de douanes, etc.

Les revenus spéciaux comprennent les recettes provenant des propriétés immobilières de l'État, celles des régies des tabacs et du sel, des postes et télégraphes, et enfin les tributs ou redevances de l'Égypte, de la Roumélie orientale, de la principauté de Samos et du Mont-Athos.

Le traité de Berlin imposait aussi à la principauté de Bulgarie, l'obligation de payer un tribut; mais la valeur

---

(1) Cette taxe a été substituée à l'ancienne *capitation* (*kharatch*), supprimée par le Tanzimat à cause du caractère d'infériorité que cet impôt infligeait à ceux qui s'y trouvaient soumis.

de cette redevance n'a même jamais été déterminée, et cette disposition peut être considérée comme tombée en désuétude. Depuis l'union de 1885, c'est le gouvernement princier qui verse à la Porte la redevance de la Roumélie orientale.

Tout ou partie des impôts ou revenus suivants : tabac, sel, timbre, spiritueux, dîmes de la soie, taxe des pêcheries, redevance de la Roumélie orientale, sont affectés au service de la Dette publique dont l'administration est confiée à une commission internationale résidant à Constantinople.

La perception des impôts directs est confiée aux autorités municipales. Les *moukhtars* (maires) versent ensuite dans la caisse du kaza les sommes qu'ils ont reçues de leurs administrés.

I. — Communications.

Le réseau des chemins de fer ottomans se compose actuellement de 2,600 kilomètres de voies ferrées en exploitation, savoir :

1°, 1131 kilomètres (1) en Europe : lignes de Constantinople à la frontière bulgare par Andrinople, de Kouléli-Bourgas à Dédé-Agatch, de Salonique à la frontière serbe par Uskub, d'Uskub à Mitrovitsa, de Salonique à Monastir ;

2°, 1469 kilomètres en Asie : réseaux de Smyrne à Alachéhir et de Smyrne à Aïdin, lignes de Haider-Pacha à Angora, de Moudania à Brousse, de Mersina à Adana et de Jaffa à Jérusalem.

(1) Dont 121 kilomètres de la section de Vertékop à Monastir ouverte au mois de juin dernier.

On peut ajouter aux lignes d'Europe les 455 kilomètres de la ligne de Dédé-Agatch à Salonique, dont les travaux ont été commencés il y a quelques mois.

Si le réseau ferré de la Turquie est encore assez restreint, les communications par mer, tant entre les différentes parties de l'Empire qu'avec les pays étrangers, sont, au contraire, très développées, et tous les ports de quelque importance sont desservis par les paquebots des compagnies de diverses nationalités dont les principales sont le Lloyd autrichien, les Messageries maritimes (françaises), la Compagnie générale de navigation italienne, les vapeurs de l'État turc (*Makhsoussé*) et les compagnies anglaises, russes, grecques.

Le service des *postes et des télégraphes* était assuré en 1891 par 1187 bureaux de poste, dont 408 en Europe, 746 en Asie et 33 en Tripolitaine, et par 683 bureaux télégraphiques, dont 233 en Europe, 438 en Asie et 12 en Tripolitaine. Un certain nombre de puissances occidentales : la France, l'Autriche, l'Angleterre, l'Italie, l'Allemagne, la Russie, entretiennent des bureaux de poste spéciaux dans les places commerciales les plus importantes, telles que Constantinople, Salonique, Smyrne, Beyrout, etc.

L'ORGANISATION MILITAIRE

DE

L'EMPIRE OTTOMAN [1]

I. — Aperçu historique.

L'établissement dans l'empire ottoman d'une organisation militaire, basée sur les principes en vigueur dans les États de l'Europe occidentale, est d'origine relativement très récente.

Jusqu'en 1826, les forces principales de la Turquie n'étaient encore constituées que par les *Janissaires* (*Yenitchéri*), troupe d'infanterie permanente dont l'organisation, le mode de recrutement, l'administration avaient un caractère archaïque en désaccord absolu avec les besoins de l'époque.

A cette troupe s'ajoutait la cavalerie féodale fournie par les *sipahis*, possesseurs des fiefs appelés *ziamets* et *timars*.

---

(1) Les principaux ouvrages ou documents consultés, en dehors des textes de lois ou des règlements d'organisation militaire, sont les suivants :

Annuaire militaire ottoman (*Salnamé i'askéri*) ;

Die türkische Wehrmacht, par H. A. (Vienne, 1892) ;

Deux études du lieutenant-colonel *Néchitch*, ancien attaché militaire de Serbie à Constantinople : *Osnové organizatsiyé tourské voïské* (Les bases de l'organisation de l'armée turque) et *Oustroïstvo tourské voïské* (La constitution de l'armée turque) ;

Les Annales de Löbell (*Löbell's Jahresberichte*) ;

Différents articles de la *Reichswehr*, du *Ratnik* (Revue militaire serbe), etc.

Pourtant, dès les dernières années du XVIIIe siècle, les sultans, frappés de la décadence de la puissance militaire ottomane, avaient cherché à introduire dans leurs armées une organisation plus moderne. La première tentative dans ce sens fut faite par le sultan Sélim qui, en 1801, créa des corps d'infanterie, de cavalerie et d'artillerie constitués d'après les idées européennes.

Mais cette armée modèle, désignée sous le nom de *nizam i djédid* (littéralement *nouvelle ordonnance*), n'eut qu'une existence éphémère ; il en fut de même des premiers essais tentés par le sultan Mahmoud. Cependant ce dernier, ayant eu l'énergie de détruire le corps des Janissaires et de briser ainsi l'obstacle qui s'opposait à toute réforme militaire, put enfin mener à bien une œuvre qui jusqu'alors n'avait pas abouti.

Aussitôt après le massacre des Janissaires (16 juin 1826), un décret impérial supprima les fiefs militaires, ziamets et timars. Les quelques troupes qui existaient antérieurement, en dehors des Janissaires et de la cavalerie féodale, furent conservées, mais réorganisées conformément aux idées nouvelles.

Cette réforme n'eut cependant qu'un caractère provisoire et c'est seulement en 1843, sous le règne du sultan Abd-ul-Medjid, que l'armée ottomane fut enfin, d'une façon complète, mise sur le pied de celles des autres grandes puissances européennes.

Cette réorganisation était l'une des conséquences du plan de réforme générale (*tanzimat*) annoncé par le *Khatt y chérif* de *Gul-Khané*.

Ce document exposait, en effet, la nécessité d'établir l'armée sur de nouvelles bases, de régulariser son recrutement en le répartissant d'une façon équitable sur l'ensemble de la population musulmane et en imposant des limites à la durée du service militaire qui, auparavant, retenait parfois les hommes pendant toute leur existence.

D'après le règlement de 1843, le recrutement était régional ; la durée du service sous les drapeaux était fixée à 5 années, et le contingent à incorporer se formait par le tirage au sort entre tous les hommes susceptibles d'être appelés au service.

Par une particularité assez curieuse, qui a subsisté d'ailleurs jusqu'à ces derniers temps, les hommes ayant amené un bon numéro étaient obligés de participer aux tirages des années suivantes jusqu'à ce qu'ils aient été incorporés ou qu'ils aient atteint l'âge de la libération définitive du service actif.

Après avoir achevé les 5 années de présence dans l'*armée active* ou *régulière* (*nizam*), les hommes comptaient pendant 7 années dans l'*armée de réserve* (*rédif*). Cette armée de réserve était pourvue de cadres permanents d'officiers et de sous-officiers ; les hommes qui en faisaient partie étaient astreints à des réunions périodiques d'exercice.

Les corps de troupe des différentes armes, formés sur le modèle de ceux des armées occidentales, étaient en tout temps groupés en *corps d'armée* (*ordou*) se répartissant en divisions et brigades (1). La répartition des troupes de rédif correspondait à celle des troupes actives.

Les troupes d'infanterie et de cavalerie étaient instruites et commandées d'après les règlements français, celles d'artillerie d'après les règlements prussiens.

On voit que cette organisation qui, en grande partie, s'inspirait évidemment du système prussien, était bien supérieure à celle de la plupart des armées occidentales qui ne connaissaient, en 1843, ni le groupement perma-

---

(1) *Ordou* signifie exactement *armée*, *corps d'armée* se dit en turc *kol-ordou* ; mais comme l'*ordou* correspond dans la plupart des cas à notre *corps d'armée*, nous avons, pour plus de clarté, adopté cette dernière traduction.

ment des corps de troupe en corps d'armée, divisions, etc., ni le recrutement régional, ni les troupes de 2e ligne.

Sous ce dernier point de vue, l'armée turque était même supérieure à son modèle allemand, puisqu'elle possédait pour le rédif des cadres permanents dont la landwehr prussienne n'a jamais été pourvue.

Les principes adoptés en 1843 forment encore actuellement la base de l'organisation militaire ottomane, quoique des modifications de détail aient été, depuis cette époque, introduites à diverses reprises dans les différentes parties de l'organisation primitive.

Il est une réforme, cependant, qui, jusqu'à présent, n'a pu recevoir son application, c'est l'extension du service militaire à l'ensemble des sujets ottomans sans distinction de religion. Il a toujours été de tradition, en effet, que les musulmans seuls pouvaient porter les armes au service direct du gouvernement impérial (1) ; les Janissaires même, quoique recrutés pour la plus grande partie dans la population chrétienne, ne faisaient pas exception à cette règle, car, incorporés très jeunes comme *novices* (*adjemi oghlan*), ils étaient élevés dans la religion musulmane.

En échange de l'obligation du service militaire, les sujets chrétiens payaient l'impôt de *capitation* (*kharatch*) dont les mahométans étaient exempts.

Mais lorsque l'armée turque reçut une organisation régulière, on ne put s'empêcher de constater les inconvénients de ce système qui, en diminuant les forces militaires disponibles de l'empire, avait encore le désavantage de faire porter tout le poids du service sur la partie musulmane de la population. De plus, si l'on considère

---

(1) Des troupes chrétiennes ont, il est vrai, plusieurs fois figuré, durant les siècles passés, dans les armées ottomanes, mais à titre d'alliées ou comme contingents fournis par des États vassaux.

que l'exemption des chrétiens avait surtout le caractère d'une exclusion, elle se trouvait en contradiction avec les principes proclamés par le *Khatt y humayoun* de 1856 et le *Khatt y chérif* de Gul-Khané, sur l'égalité de tous les sujets ottomans devant la loi.

L'article 17 du rescrit impérial de 1856 prescrivait même formellement que les chrétiens des différents cultes seraient, comme les musulmans, appelés au service militaire, tout en admettant le droit à l'exonération à prix d'argent. Mais lorsqu'il s'agit de mettre cette mesure à exécution, on se heurta à des difficultés d'application nombreuses et à une résistance à peu près générale, aussi bien du côté des chrétiens que de celui des musulmans. Ceux-ci, en effet, ne voyaient pas sans crainte s'introduire dans l'armée des éléments dont la fidélité à l'empire était incertaine, et ils redoutaient en même temps, pour l'accession aux grades et aux emplois militaires, la concurrence des nouveaux venus.

On renonça donc à introduire dans l'armée de terre un système qui donnait pourtant depuis bien des années de très bons résultats dans la marine, où les matelots de race grecque des îles et des côtes de la mer Égée constituent la meilleure partie des équipages.

L'armée turque est, par suite, restée exclusivement musulmane, mais comme l'impôt de capitation, en rappelant la conquête, imprimait à ceux qui le payaient un caractère d'infériorité contraire aux déclarations impériales, cet impôt fut supprimé et remplacé par une taxe dite de *remplacement du service militaire* (*bédel i askéri*).

A l'époque où la Turquie entama avec la Russie la lutte qui devait se dénouer sous les murs de Sébastopol, l'armée turque comprenait comme troupes actives :

1° *Dans les corps d'armée*, au nombre de six :

36 régiments d'infanterie à 4 bataillons de 8 compagnies ;

24 régiments de cavalerie à 6 escadrons;

6 régiments d'artillerie de campagne à 12 batteries, dont 3 à cheval.

Ces unités étaient réparties régulièrement à raison de 6 régiments d'infanterie, 4 de cavalerie et 1 d'artillerie par corps d'armée.

2° *En dehors des corps d'armée :*

6 régiments d'infanterie et 2 de cavalerie, plus quelques troupes locales, constituant les garnisons de l'île de Crète, de Tripoli et de Tunis;

4 régiments d'artillerie de forteresse et 2 régiments du génie dépendant de la Grande-Maîtrise de l'Artillerie.

L'effectif total de ces troupes était évalué à 150,000 hommes.

Les troupes du *rédif* devaient avoir, dans chaque corps d'armée, la même composition que celles de l'armée active, mais elles n'étaient encore organisées que dans cinq corps d'armée sur six.

Un peu avant la guerre, le rédif avait été divisé en deux bans, ce qui avait permis de doubler le nombre de ses bataillons.

Après la guerre de Crimée, l'œuvre de perfectionnement des institutions militaires se poursuivit sans interruption, et, durant quelques années, avec la collaboration d'officiers français. En 1869, une loi nouvelle introduisit les modifications suivantes :

1° Réduction de la durée du service de 5 à 4 ans;

2° Création d'une *réserve de l'armée active*, dans laquelle les hommes, avant de passer dans le rédif, restaient pendant deux années, après leur libération du service dans l'armée active;

3° Réduction à 6 ans du service dans le rédif, qui continuait à être divisé en deux bans ;

4° Création d'une nouvelle catégorie, la *milice* (*mustahfiz*), où les hommes, ayant terminé leur service dans le rédif, restaient pendant six années.

La durée du service militaire était ainsi portée à 18 ans.

Nous verrons que, sauf la prolongation de deux années du service dans le rédif et la suppression de la répartition en deux bans des hommes de cette catégorie, les obligations militaires déterminées par la loi de 1869 sont encore actuellement en vigueur.

Sous l'empire de cette nouvelle législation, l'armée ottomane présentait, au moment de la guerre de 1877, contre la Russie, la composition suivante :

1° 181 bataillons d'infanterie, répartis en 44 régiments à 3 bataillons, 1 régiment à 4 bataillons, 43 bataillons de chasseurs (rattachés chacun à un régiment), et 2 bataillons indépendants ;

2° 25 régiments de cavalerie, la plupart à 6 escadrons, comprenant, en tout, 145 escadrons ;

3° 8 régiments d'artillerie, de composition variable, présentant un total de 118 batteries (24 à cheval, 77 montées, 11 de montagne et 6 de mitrailleuses) ;

Plus un assez grand nombre de compagnies d'artillerie de forteresse, dépendant de la Grande Maîtrise de l'Artillerie et quelques compagnies du génie et d'ouvriers d'artillerie.

Ces différentes troupes, mises sur le pied de guerre, présentaient un effectif total de 237,000 hommes. L'effectif de paix devait être d'environ 140,000 hommes.

L'armée active était groupée en sept corps d'armée répartis comme il suit :

1er corps (Garde), quartier général à Constantinople ;
2e — quartier général à Choumla ;
3e — — à Monastir ;
4e — — à Erzeroum ;
5e — — à Damas ;
6e — — à Bagdad ;
7e — — à Sana (en Arabie).

L'*armée de réserve* (rédif) pouvait constituer, dans chacun des deux bans, 39 régiments à 4 bataillons, la plupart pourvus de cadres permanents.

Cette organisation permit, au cours de la campagne de 1877-78, de mobiliser des forces qui s'élevèrent jusqu'à un effectif total de 750,000 hommes.

Après la guerre, l'armée ottomane se trouvait complètement désorganisée.

L'œuvre de sa réorganisation fut d'abord entreprise par une commission, constituée en 1880, sous la présidence du maréchal Ghazi-Moukhtar-Pacha ; mais, avant que cette commission ait eu le temps de fournir un travail effectif, le sultan prit la résolution de demander le concours d'un certain nombre d'officiers de l'armée allemande.

Une mission, composée du lieutenant-colonel Köhler et de trois capitaines de diverses armes, arriva à Constantinople en 1882 ; mais, pour avoir voulu procéder trop radicalement et sans tenir suffisamment compte des circonstances locales, cette mission n'obtint d'abord que peu de résultats. Ce n'est qu'à partir de 1883, alors que la mort du lieutenant-colonel Köhler eut permis de placer à la tête de la mission le lieutenant-colonel von der Goltz (1), que le travail de réorganisation devint plus sensible.

---

(1) Cet officier possède actuellement, dans l'armée ottomane, le grade de général de division (*férik*).

Depuis lors, une série de règlements, élaborés sous l'inspiration de la mission allemande, est venue perfectionner l'organisation militaire de l'Empire ottoman.

Parmi les plus importants de ces nouveaux règlements, il y a lieu de citer particulièrement la loi militaire de 1887, les règlements spéciaux concernant les diverses catégories d'hommes astreints au service (2e portion du contingent, réserve, rédif, mustahfiz), le règlement sur l'organisation de la cavalerie indigène du Kurdistan, celui sur le service des convois en temps de guerre et les réquisitions, etc.

En outre, en sa qualité de sous-chef de l'état-major général, Goltz Pacha a pu exercer une grande influence sur le développement de cet important service, de même que ses fonctions d'inspecteur des écoles militaires lui ont permis de travailler à élever le niveau de l'instruction des futurs officiers de l'armée ottomane.

Par ce court exposé des diverses phases traversées par l'organisation militaire de l'Empire, on a pu se rendre compte que, grâce aux excellentes bases sur lesquelles elle a été établie dès 1843, elle a pu subsister, pendant un demi-siècle sans subir des modifications aussi radicales que celles qui ont affecté, dans le cours des vingt-cinq dernières années, la plupart des autres armées européennes. Possédant une population propre à lui fournir d'excellents éléments pour le recrutement de ses troupes, la Turquie se trouve dans une situation qui lui permettrait de se constituer l'une des plus belles armées de l'Europe. Mais l'état politique et social particulier aux diverses nationalités de l'Empire, aussi bien que certaines traditions d'inertie imputables à une partie des hauts fonctionnaires, ont fait souvent obstacle à la volonté des souverains les plus soucieux de la prospérité de l'État et ralenti, dans une certaine mesure, les développements que la puissance militaire de l'Empire aurait pu recevoir.

Nous nous proposons, dans ce qui va suivre, de passer successivement en revue les différents organes qui fonctionnent dans l'armée ottomane, sous l'empire des règlements en vigueur.

II. — Commandement supérieur et administration centrale.

Le Sultan est le chef suprême de toutes les forces de terre et de mer. La forme du gouvernement ottoman permet même au souverain de s'occuper des affaires de l'armée d'une façon plus directe qu'il ne pourrait le faire dans un État constitutionnel, et son intervention se fait parfois sentir dans des questions qui, ailleurs, seraient résolues définitivement par le Ministre de la guerre ou les services subordonnés.

Le *cabinet militaire du Sultan*, composé d'un maréchal ou d'un général de division comme chef, de 2 généraux de brigade, de 4 officiers supérieurs et de 3 capitaines, a dans ses attributions les questions concernant la dislocation des troupes dans les différentes parties de l'Empire, la centralisation de documents statistiques relatifs aux formations et aux effectifs, tant de l'armée ottomane que des armées étrangères.

Une *commission supérieure d'inspection générale de l'armée* (*teftich i oumoumi i 'askeri komission i 'alisi*) composée d'une trentaine de membres presque tous officiers généraux, fonctionne sous la présidence du Sultan. Son vice-président (*reis vékili*) est actuellement le maréchal *Moukhtar Pacha*. Cette haute commission a pour rôle de travailler au progrès et au perfectionnement des forces militaires de l'Empire et de surveiller leur organisation. Elle doit étudier la constitution des armées étrangères et rechercher parmi les améliorations introduites récemment dans les différents pays celles qui pourraient être appliquées utilement en Turquie ; elle établit ou examine et soumet à l'approbation impériale les projets de modifications à l'organisation de l'armée ; enfin, elle désigne au choix du Sultan les officiers généraux pris soit dans son sein, soit en dehors, qui seront chargés de procéder dans tout l'Empire à l'inspection des troupes.

Parmi les services dépendant directement du souverain il convient de citer encore la *Maison du Sultan* (*mabeïn i humayoun*), à la fois civile et militaire, et dont font partie un assez grand nombre d'officiers en qualité d'*aides de camp généraux* (*yavran i keram*), d'*aides de camp généraux honoraires* (*fakhri yavran i keram*), d'*officiers d'ordonnance* (*yavran i harb*) ou comme titulaires de divers autres emplois. Le chef de la Maison impériale (*mabeïn i humayoun muchiri*) est actuellement le maréchal *Ghazi* Osman Pacha (1), l'illustre défenseur de Plevna. Une grande partie des officiers généraux comptant dans la Maison du Sultan n'en font partie que d'une manière honorifique et exercent en même temps des fonctions actives.

L'organisation de l'administration centrale dans l'armée ottomane présente une particularité assez curieuse qui ne se retrouve dans aucun autre pays. L'ensemble des services militaires dépend de deux administrations ou ministères complètement indépendants l'un de l'autre, le *Ministère de la Guerre* proprement dit et la *Grande Maîtrise de l'Artillerie* dont les attributions embrassent la fourniture du matériel de guerre en général, la construction et l'entretien des fortifications. Les troupes

(1) Le titre de *Ghazi* (littéralement *victorieux*) se donne aux sultans qui ont fait la guerre contre une nation chrétienne et aux généraux qui s'y sont distingués d'une façon exceptionnelle, quand même le résultat n'aurait pas répondu à leur courage et à leurs talents.

d'artillerie et du génie de forteresse ainsi que les ouvriers d'artillerie dépendent de ce service.

Ministère de la Guerre.

Le *Ministre de la guerre* (*ser 'askier*) est actuellement le maréchal *Riza Pacha*.

Le Ministre est le chef de l'administration de l'armée et dépend directement du Sultan pour les affaires de son ressort. Il joint à ses attributions ministérielles proprement dites, les fonctions de *Chef de l'État-major général* (*Erkian i harbié i 'oumoumié reïsi*).

Les différents services du ministère de la guerre sont répartis en dix *directions* ou *divisions* (*dairé*) subdivisées en *bureaux* (*ch'oubé*).

Les directeurs sont ordinairement des généraux de division, les chefs de bureaux, des colonels ou des généraux de brigade. Un certain nombre de fonctionnaires ou employés civils de différentes classes sont attachés au ministère de la guerre, mais dans presque tous les bureaux la majorité du personnel est militaire.

L'*État-major général* (*Erkian i harbié i 'oumoumié*) constitue la première direction du ministère. Ce service fonctionne, dans son rayon d'action, d'une manière indépendante, sous la direction effective du chef adjoint de l'état-major général (*Erkian i harbié i 'oumoumié reis vékili*), le chef de l'État-major général étant officiellement le Ministre lui-même (1).

La direction de l'État-major général comprend les cinq bureaux suivants :

---

(1) Le chef adjoint de l'État-Major général est le maréchal Edhem Pacha, qui a auprès de lui comme *sous-chef* (*reïs i sani*) le général de division Goltz Pacha (Von der Goltz).

1° Bureau de l'*Organisation* (*Tanzimat ch'oubési*), chargé de l'étude des questions concernant l'organisation de l'armée et sa préparation à la guerre ; ce bureau élabore les règlements se rapportant à ces questions, propose les modifications à introduire, vérifie la préparation matérielle de l'armée ;

2° Bureau de la *Statistique* (*Istatistiq ch'oubési*), chargé principalement de l'étude des armées étrangères et de l'examen des publications militaires ;

3° Bureau des *Mouvements* (*Harékiet i 'askérié ch'oubési*), chargé de préparer la mobilisation et la concentration de l'armée. Ce bureau comprend une *section topographique* à laquelle incombe le soin de réunir les cartes et les documents statistiques qui seraient nécessaires aux états-majors et aux différents services lors d'une entrée en campagne ;

4° Bureau des *Étapes* (*Konaq ch'oubési*), chargé d'étudier les questions concernant les mouvements des troupes, les transports militaires par chemin de fer ou par eau, la situation des voies ferrées dans l'intérieur de l'Empire et dans les États voisins ;

5° Bureau *scientifique* (*Funoun ch'oubési*), comprenant la section *géographique* chargée de l'établissement des cartes et plans nécessaires à l'armée ainsi que des travaux de photographie, photolithographie, etc., et la section *historique* à laquelle sont rattachées les archives et la bibliothèque.

En outre de ces cinq bureaux, l'État-major général comprend encore le *secrétariat* ou bureau de la correspondance générale et le bureau du *personnel*.

Le service de l'État-major général, occupe, d'après l'annuaire pour l'année financière 1309 (1), 50 officiers dont 8 généraux et 6 employés civils.

---

(1) Du 1/13 mars 1893 au 28 février/12 mars 1894 ; elle correspond aux années de l'hégire 1310 et 1311.

Pour les autres directions, qui correspondent à peu près à celles qui existent dans le ministère de la guerre français, nous nous bornerons à énumérer en abrégé, d'après l'annuaire ottoman, leurs dénominations et leur composition.

Ces directions sont les suivantes :

a) *Direction des Affaires générales* (*Màqam i Seraskieri Daïrési*) comprenant : 1° le *Secrétariat général*, dont le chef (*Mektoubdjy*) est spécialement chargé de la correspondance émanant directement du Ministre ; 2° le bureau des *Archives* (*Evraq qalemi*) ; 3° le bureau des *Traductions* (*terdjumé qalemi*). Le personnel de cette direction est exclusivement civil.

b) *Direction de l'Infanterie* (*Piadé Daïresi*). 4 bureaux : personnel, instruction tactique et technique des troupes d'infanterie, recrutement, armée de réserve (rédif) et milice. — 32 officiers (dont 2 généraux) et 15 employés civils.

c) *Direction de la Cavalerie* (*Souvari Daïrési*). 2 bureaux : 1° personnel ; 2° matériel et remontes. — 8 officiers (dont 4 généraux) et 5 employés civils.

d) *Direction de l'Artillerie* (*Thopdji Daïrési*). 2 bureaux : personnel, matériel. — 11 officiers (dont 2 généraux) et 4 employés civils. Cette direction n'a dans ses attributions que les affaires concernant les troupes d'artillerie de campagne (et par exception les 2 régiments d'artillerie de forteresse occupant les ouvrages de Tchataldja). Les autres troupes et tous les services techniques dépendent de la Grande Maîtrise de l'Artillerie.

e) *Direction de la Justice militaire* (*Méhakémat Daïrési*). Comprend : une chancellerie chargée des questions de personnel et de la publication des sentences et des grâces ; la Cour suprême qui porte le nom traditionnel de *Conseil de guerre d'Anatolie* (*Anadouli divan i harbi*) et remplit le rôle de Cour de cassation ; le *Conseil de guerre spécial* (*Divan i harb i makhsous*) qui est une sorte de Cour d'appel militaire. Le personnel dépendant de cette direction comprend 30 officiers (dont 8 généraux), 5 fonctionnaires militaires et 4 employés civils.

f) *Direction des Services administratifs* (*Lévazémat i 'oumoumié daïrési*). 4 bureaux : 1° personnel; 2° subsistances, fourrages, chauffage, éclairage et établissements militaires se rapportant à ces services; 3° approvionnement des hôpitaux en matériel; 4° habillement. En outre, une *commission de contrôle* (*mou 'ayéné komisionou*) est chargée de vérifier les opérations des 2e, 3e et 4e bureaux et de s'assurer notamment que les effets ou le matériel achetés satisfont exactement aux conditions réglementaires.

De la direction des Services administratifs dépendent un assez grand nombre d'établissements militaires destinés au service des subsistances ou de l'habillement, tels que les moulins, boulangeries et boucheries militaires, les dépôts des subsistances, du fourrage et du chauffage, les dépôts d'habillement et de harnachement, les fabriques de toile, de drap, de cuir, de chaussures. Le personnel de cette direction et des établissements qui en dépendent ne comprend pas moins de 200 officiers (dont 7 généraux), 22 fonctionnaires ou employés militaires et 22 employés civils.

g) *Direction des Fortifications et Bâtiments militaires* (*Istihkiam vé Inchaât daïrési*). 2 bureaux : 1° personnel des officiers du génie; 2° matériel (projets de fortifications et de bâtiments, outillage des troupes). — 9 officiers (dont 4 généraux) et 4 employés civils, plus 51 officiers et 2 employés militaires attachés aux travaux de construction.

h) *Direction du Service de santé* (*Sahhié daïrési*). 2 bureaux : 1° personnel, 2° organisation (organisation des établissements sanitaires, matériel). De cette direction dépendent la *Commission d'inspection médicale* (*Sahhié i insanié teftich komisionou*) et la *Commission d'inspection vétérinaire* (*Sahhié i haïvanié teftich komisionou*).

Le personnel de la direction du Service de santé se compose de 23 médecins militaires (dont 9 ayant des grades d'officiers généraux) et 4 vétérinaires.

i) *Direction de la comptabilité générale* (*Muhasebat i 'oumoumié daïrési*). 6 bureaux : budget, ordonnancement, contrôle (surveillance, examen et approbation de la comptabilité du ministère de la guerre et des intendances locales), frais de transports, pensions, archives, et diverses commissions, telles que la commission des comptes anciens, la commission temporaire d'examen des comptes de la dernière guerre, etc. — 30 officiers (dont 3 généraux), 13 fonctionnaires ou employés militaires et 44 employés civils.

En dehors des directions nous trouvons encore l'*Administration de la Caisse des retraites militaires* (*'Oumoum askéri téqa'oud sandyghy nazareti*), comprenant une commission de surveillance, un conseil d'administration et divers bureaux, enfin l'*Imprimerie du Ministère de la guerre* (*Daïré i 'askérié mathb'asy*).

Citons aussi la *Commission de l'Artillerie et des Fortifications* (*'oumoum thopdji ve istihkiam mufettich komisionou*) et les deux *commissions de réorganisation de l'armée*, l'une dépendant directement du Ministre, l'autre constituée auprès de l'État-major général. Ces commissions ont pour rôle d'élaborer les projets de réorganisation des divers services de l'armée.

III. — Les cadres supérieurs et inférieurs.

Officiers.

La hiérarchie des officiers (*zabithan*, au singulier *za-*

bith) comprend, dans l'armée ottomane, les grades suivants :

Second-lieutenant ou sous-lieutenant, *mulazim-i-sani ;*
Premier-lieutenant, *mulazim-i-evvel ;*
Capitaine, *iuzbachy ;*
Adjudant-major ou vice-major, *kol-aghasy ;*
Major (chef de bataillon ou d'escadrons), *bimbachy ;*
Lieutenant-colonel, *kaïmakam ;*
Colonel, *mir-alaï ;*
Général de brigade, *mir-i-liva ;*
Général de division, *férik ;*
Maréchal, *muchir*.

Cette hiérarchie présente un degré de plus que celle qu'ont adoptée presque toutes les autres armées, c'est le grade de *kol-aghasy*, que l'on traduit ordinairement dans les ouvrages français par *adjudant-major*, et dans les ouvrages allemands par *vice-major*. Le terme turc signifie *commandant d'aile* et provient de ce que, à l'origine, le bataillon turc étant formé à 8 compagnies, se divisait en 2 ailes (*kol*), commandées chacune par un *kol-aghasy*. On a même, jusqu'à ces dernières années, distingué dans ce grade deux classes, donnant droit à une solde différente, l'*adjudant-major de droite* (*sagh-kol-aghasy*) et l'*adjudant-major de gauche* (*sol-kol-aghasy*) (1). Actuellement, dans les corps de troupe, cet officier ne remplit plus que les fonctions d'adjudant-major.

Il existe aussi un emploi de *capitaine en second* (*iuzbachy vekili*) spécial à la cavalerie.

Les officiers généraux ont droit au titre de *pacha*, les colonels et lieutenants-colonels, et parfois aussi les majors et les adjudants-majors, à celui de *bey ;* les autres

(1) Ces grades figurent parfois encore sur les annuaires. Au lieu de *sagh-kol-aghasy* et *sol-kol-aghasy*, on dit aussi *kolimin* et *kolisar*.

officiers sont qualifiés d'*effendi* (terme qui, dans le langage usuel, est employé pour « monsieur ») ou d'*agha* (1).

Le *traitement* des officiers se compose de la *solde* proprement dite et des *rations* qui peuvent être touchées en nature ou sous la forme d'une représentation en argent.

La composition de la ration est, pour les officiers subalternes, la même que pour les hommes de troupe ; sa valeur en argent est d'environ 25 francs pour un mois ; la ration allouée aux officiers supérieurs et généraux ne comprenant que le pain, la viande, le riz et le beurre, ne représente qu'une valeur de 17 francs environ par mois.

Le tableau suivant donne le tarif des soldes et le nombre des rations allouées à chaque grade, ainsi que le nombre des rations de fourrage que perçoivent les officiers supérieurs et généraux :

GRADES.	SOLDE MENSUELLE en francs.	NOMBRE DE RATIONS de vivres.	NOMBRE DE RATIONS de fourrage.
Maréchal	3,300	15	50
Général de division	1,320	10	12
Général de brigade	880	8	8
Colonel	440	7	4
Lieutenant-colonel	275	5	3
Major	220	4	2
Adjudant-major	132	3	»
Capitaine	88	2	»
Premier-lieutenant	66	1	»
Second-lieutenant	55	1	»

(1) Le titre d'*effendi* s'appliquant traditionnellement à des personnes qui jouissent d'une instruction élevée, on réserve celui d'*agha* à certains officiers subalternes qui ne possèdent que des connaissances tout à fait rudimentaires. Ils peuvent, paraît-il, devenir *effendi* en perfectionnant leur instruction.

Le nombre total des officiers de l'armée ottomane (y compris ceux de la Grande Maîtrise de l'Artillerie et ceux de la gendarmerie) s'élève, d'après le dernier Annuaire qui ait été publié, au chiffre de 17,544. Ces officiers se répartissent, par grade et par armes ou services, ainsi que l'indique le tableau ci-après :

ARMES ET SERVICES.	MARÉCHAUX.	GÉNÉRAUX DE DIVISION.	GÉNÉRAUX DE BRIGADE.	COLONELS.	LIEUTENANTS-COLONELS.	MAJORS.	ADJUDANTS-MAJORS.	CAPITAINES.	LIEUTENANTS.	SOUS-LIEUTENANTS.	TOTAL.
Généraux pourvus d'emplois divers ou sans emploi.........	17	17	8	»	»	»	»	»	»	»	42
Ministère de la Guerre.........	7	19	41	50	46	70	120	81	44	57	535
Écoles militaires...............	1	3	3	12	19	41	98	149	125	29	480
États-majors et services généraux des corps d'armée..........	7	5	15	16	27	41	88	79	46	37	361
Infanterie.....................	»	13	29	60	66	276	294	1,223	1,020	1,883	4,864
Cavalerie......................	»	8	16	39	37	80	31	400	378	414	1,403
Artillerie de campagne.........	»	5	16	17	18	76	76	235	313	459	1,215
Régiments d'artillerie de forteresse de Tchataldja..........	»	1	2	2	2	8	12	24	21	42	114
Génie..........................	»	»	1	1	»	7	9	22	38	43	121
Train..........................	»	»	»	»	1	5	5	20	16	37	84
Pompiers de Constantinople....	»	1	»	2	1	4	5	18	17	15	63
Régiment d'ouvriers d'administration.......................	»	»	»	2	3	3	3	26	25	25	87
Total de l'armée active (Nizam).	32	72	131	201	220	614	741	2,277	2,043	3,041	9,369
Cadres permanents de Rédif....	»	19	45	47	73	342	350	1,821	1,322	1,237	5,256
Grande Maîtrise de l'artillerie..	1	7	11	32	32	85	108	190	180	271	917
Gendarmerie...................	»	2	9	35	»	130	16	603	599	608	2,002
TOTAL........	33	100	196	315	325	1,168	1,215	4,891	4,144	5,157	17,544

L'Annuaire ne contient pas de liste générale des officiers par arme et par grade, sauf pour les officiers généraux. Les chiffres ci-dessus ont été obtenus en décomptant les officiers employés dans chaque service et dans chaque corps de troupe.

Recrutement des officiers.

Le recrutement des officiers turcs est basé sur des dispositions assez semblables à celles qui sont en usage en France. Deux écoles différentes fournissent des sous-lieutenants, l'une à l'infanterie et à la cavalerie, l'autre à l'artillerie et au génie.

Mais à côté des officiers sortant des écoles il s'en trouve, en très grand nombre même, qui proviennent des sous-officiers. On désigne ces derniers sous le nom de *alaïli* (de *alaï*, régiment), par opposition aux officiers sortant des écoles qui sont appelés *mektebli* (de *mekteb*, école).

Actuellement le nombre des *mektebli* atteint à peine 15 pour 100 du chiffre total des officiers. L'examen de l'Annuaire, où on les reconnaît par le mot *mektebden* (de l'école), placé en regard de leur nom, permet de constater qu'ils sont assez nombreux dans les états-majors et les services spéciaux, mais très rares dans les corps de troupe. Dans l'infanterie, par exemple, sur les 16 à 18 officiers qui constituent les cadres d'un bataillon, on n'en trouve en général que de 2 à 4 qui aient passé par l'école militaire.

Étant donné le niveau général de l'instruction dans la population de l'empire ottoman, on se figure aisément que les « alaïli », et particulièrement les plus anciens d'entre eux, ne possèdent, pour la plupart, que des connaissances théoriques très limitées. Aussi cherche-t-on à en diminuer le nombre par l'augmentation de l'effectif des écoles militaires.

En principe, pour pouvoir obtenir le grade de sous-lieutenant, les sous-officiers doivent avoir servi pendant une durée double de celle du service obligatoire, soit, dans la pratique, six années. Ils doivent, en outre, satisfaire à un examen d'aptitude devant une commission siégeant au quartier général de la division et composée d'un commandant de régiment, d'un imam (aumônier) et de deux adjudants-majors ou capitaines. Les épreuves sont théoriques et pratiques ; elles portent sur la lecture, l'écriture, la rédaction des documents de service, le calcul, les règlements sur le service intérieur, le service des places, le service en campagne, les manœuvres jusqu'à l'école de compagnie, les premiers éléments de la tactique (au point de vue de l'arme du candidat) et de la fortification de campagne.

Avancement.

L'avancement a lieu par corps de troupe jusqu'au grade de capitaine inclus (dans la cavalerie, seulement jusqu'à celui de capitaine en second). Pour les grades supérieurs, il s'effectue par *corps d'armée* (*ordou*), et, pour les grades d'officiers généraux, sur l'ensemble de l'armée ottomane.

Les officiers sortis des écoles ne sont soumis à aucune épreuve pour le passage d'un grade à un autre. Leur avancement est généralement rapide (ce qu'expliquent facilement leur petit nombre et l'infériorité sensible, au point de vue de l'instruction, des officiers sortant des rangs). Les délais suivants pour le passage dans chaque grade sont considérés comme normaux : sous-lieutenant, 1 an ; lieutenant, 2 ans ; capitaine, 3 ans ; adjudant-major, 5 ans ; major, 5 ans.

Les officiers sortant des rangs doivent, au contraire, subir des examens pour l'avancement aux grades de capitaine et d'adjudant-major. Un assez grand nombre d'entre eux ne dépassent pas les grades subalternes, mais comme il n'existe pas dans l'armée turque de règle fixe obligeant les officiers à quitter le service à un âge déterminé, on peut voir à côté de jeunes officiers supérieurs, ayant franchi rapidement les échelons de la hiérarchie, de vieux capitaines que leur âge rend parfois peu capables d'exercer les fonctions de leur grade.

Pourtant, l'établissement de limites d'âge rigoureusement observées, aurait un effet très favorable sur la composition du corps d'officiers turcs, et, si cette mesure coïncidait avec une augmentation des promotions des écoles militaires, elle permettrait de rajeunir et d'améliorer les cadres de l'armée.

Offciers de réserve.

L'institution des *officiers de réserve* (*Ihtiath zabithany*) n'est encore qu'à l'état de projet. D'après le règlement préparé à ce sujet, les officiers de réserve seraient destinés à compléter, au moment d'une mobilisation, les cadres de l'armée active (*nizam*) et de l'armée de réserve (*rédif*) et à constituer ceux de la milice (*mustahfiz*). Ils proviendraient des officiers de l'armée active démissionnaires et des sous-officiers ayant accompli six ans de service et ayant satisfait à un examen d'aptitude.

Les officiers de réserve de la première catégorie pourraient, en temps de paix, recevoir de l'avancement jusqu'au grade de major, et ceux de la seconde jusqu'au grade de capitaine seulement. Chaque promotion devrait être précédée d'un stage spécial d'un mois, en dehors des convocations régulières coïncidant avec l'appel des bataillons de rédif.

La durée du service comme officier de réserve serait fixée à 20 années à partir de la promotion au premier grade d'officier.

Les officiers de réserve recevraient en temps de guerre, mais non pendant les convocations du temps de paix, les allocations correspondant à leur grade.

Officiers d'administration.

A côté des officiers combattants, il existe, tant dans les corps de troupe que dans les différents services de l'armée, une catégorie spéciale d'officiers que l'on peut comparer à nos officiers d'administration, quoique leurs attributions soient plus étendues.

Ils possèdent une hiérarchie spéciale qui ne comprend que trois degrés intercalés entre les grades de la hiérarchie générale, savoir : l'*intendant de régiment* (*alaï émini*), qui prend rang entre le major (chef de bataillon ou d'escadrons) et l'adjudant-major ; le *secrétaire de régiment* (*alaï kiatibi*) et le *secrétaire de bataillon* (*tabour kiatibi*) qui s'intercalent entre l'adjudant-major et le capitaine.

Les fonctions normales de l'intendant de régiment sont celles de notre *major*. Il est secondé par le secrétaire de régiment.

Un assez grand nombre de ces officiers sont employés dans les services administratifs de l'armée, concurremment, d'ailleurs, avec des officiers des corps combattants, car il n'existe pas, dans l'armée ottomane, de corps spécial d'intendance.

Officiers du service de santé.

Les médecins (*thabib*), les pharmaciens (*edjzadjy*) et les vétérinaires (*baïthar*) de l'armée ottomane sont complètement assimilés aux officiers combattants. Les dénominations des grades sont les mêmes pour les uns et les autres. Sur l'Annuaire militaire, les noms des médecins et vétérinaires de chaque corps de troupe figurent à leur rang d'ancienneté au milieu de ceux des autres officiers ; on voit seulement à la colonne des observations les mots : *médecin* ou *vétérinaire*.

Les médecins et pharmaciens de l'armée turque sortent de l'*École de médecine militaire* de Constantinople et les vétérinaires, d'une école vétérinaire annexée à l'École militaire d'infanterie et de cavalerie.

A côté des médecins, on trouve dans l'armée ottomane un personnel d'ordre inférieur, dont les membres, qui ont rang d'officier mais sans assimilation, sont appelés *chirurgiens* (*djerrah*). Ce sont, en réalité, des aides-médecins ayant des connaissances plutôt pratiques que théoriques.

Contrairement à ce qui a lieu pour les officiers combattants, le corps de santé ottoman comprend un certain nombre d'officiers non musulmans.

OBSERVATIONS GÉNÉRALES.

La relation entre l'emploi et le grade, dans les corps de troupe et les états-majors actifs, est la même qu'en France; elle est presque toujours observée. Mais on remarque, par contre, une tendance à exagérer l'importance des grades attribués aux emplois des corps auxiliaires et même des services les moins importants.

Les médecins, pharmaciens et vétérinaires, portant les mêmes titres que les officiers combattants, se trouvent parfois les égaux en grade, voire même les supérieurs, du commandant de l'unité à laquelle ils sont attachés. On peut admettre encore que ces grades, ainsi que le rang attribué aux secrétaires de régiment et de bataillon, sont un souvenir de la considération accordée à la science et à l'instruction dans un temps où les hommes instruits étaient encore très rares, même parmi les officiers; mais ce qui ne peut guère s'expliquer, c'est le nombre extraordinaire d'officiers comptant dans les corps de musique et possédant parfois de hauts grades.

On peut signaler aussi le développement excessif du personnel enseignant des écoles militaires, et le fait que les grades élevés de certains professeurs ne sont pas toujours justifiés par l'importance du cours dont ils sont chargés.

Écoles militaires.

La Turquie possède un système d'instruction militaire très complet, qui prend le jeune homme à l'âge des études primaires et le conduit jusqu'à l'enseignement militaire supérieur donné dans l'École d'État-Major. Comme l'instruction des écoles militaires est gratuite pour le plus grand nombre des élèves, il en résulte que les jeunes Ottomans peuvent facilement se destiner à la carrière d'officiers, quelle que soit la situation de leurs familles.

Les écoles militaires turques sont officiellement ouvertes à tous les jeunes gens de nationalité ottomane, sans distinction de religion ; mais, dans la pratique, on n'admet d'élèves non musulmans que dans les écoles préparatoires et à l'École de médecine militaire.

Écoles préparatoires.

Il existe deux degrés d'écoles préparatoires : les *écoles élémentaires* et les *collèges militaires* (1).

Les *écoles élémentaires militaires* (*mékiatib i ruchdié i 'askerié*) sont actuellement au nombre de vingt-huit, dont huit à Constantinople et une dans chacune des villes suivantes : Andrinople, Monastir, Salonique, Brousse, Uskub, Erzeroum, Damas, Beyrout, Alep, Trébizonde, Erzindjan (Arménie), Sivas, Van, Kharpout, Diarbékir, Kastamouni, Bagdad, Suleïmanié (vilayet de Mossoul), Sana (Yémen) et Tripoli de Barbarie.

L'effectif des diverses écoles varie de 100 à 600 élèves ; le nombre total de ces derniers est de 4,000 environ.

Les élèves des écoles élémentaires portent l'uniforme, mais ne sont pas nécessairement astreints à l'internat ; ils ne reçoivent encore aucune instruction militaire et ne sont nullement obligés d'entrer ultérieurement dans l'armée.

Le programme des écoles « ruchdié » est celui de l'enseignement primaire développé.

---

(1) Quelques villes possèdent même des écoles d'une troisième catégorie, appelées *écoles primaires militaires* (*mékiatib i ibtidaié i askérié*).

Les cours, répartis sur quatre années, comprennent : l'enseignement religieux, la calligraphie, la grammaire turque, arabe et persane, la géographie, l'arithmétique, les éléments de la géométrie, le dessin.

A la tête de chaque école est placé, comme *directeur* (*mudir*), un officier du grade de major ou d'adjudant-major, assisté, pour le service intérieur et la surveillance des élèves, de deux à cinq officiers subalternes de divers grades. Les maîtres (*khodja*) sont, ou bien des officiers subalternes (parfois des adjudants-majors ou même des majors), ou, pour le plus grand nombre, des professeurs civils.

Les écoles élémentaires militaires sont, paraît-il, très recherchées par les familles musulmanes à cause de la discipline qui y règne et de leur enseignement plus élevé que celui des établissements civils de même ordre.

Au-dessus des écoles élémentaires viennent les *collèges militaires* (*Mekiatib i i'dadié*), au nombre de sept, établis à Constantinople, Andrinople, Monastir, Brousse, Erzeroum, Damas et Bagdad. Constantinople possède un second collège servant d'école préparatoire à l'École de médecine militaire.

Le caractère militaire est ici beaucoup plus prononcé que dans les écoles élémentaires ; les élèves portent l'uniforme, sont tous internes, sauf de très rares exceptions, et reçoivent l'instruction militaire. On peut comparer les collèges militaires ottomans aux écoles de cadets de l'armée allemande ou à notre Prytanée militaire, avec cette différence, cependant, que, en raison de l'existence des écoles élémentaires, la durée du séjour des élèves est beaucoup plus restreinte dans les collèges turcs que dans les établissements analogues de l'étranger.

La durée des cours est, en effet, de trois années pendant lesquelles sont enseignés la langue et la littérature turques, la langue française, l'histoire, la géographie, les mathématiques (d'après un programme correspondant à celui de nos classes de mathématiques préparatoires et élémentaires), le dessin.

Les professeurs titulaires sont tous des officiers, de grades très variables. (Sur le dernier Annuaire figure un colonel comme professeur d'histoire au Collège militaire de Constantinople.)

Quelques professeurs adjoints (*khodja mu'avini*) sont des civils.

Chaque école est placée sous l'autorité d'un *directeur* ou *commandant* (*mudir*), dont le grade varie de celui de major à celui de colonel, assisté d'un directeur des études (*ders naziri*), qui est, le plus souvent, titulaire d'un cours. Quelquefois, ces fonctions sont confondues avec celles de commandant de l'école.

Un nombre variable d'officiers subalternes (trois ou quatre dans les collèges de province, huit à dix à Constantinople) sont chargés de la surveillance et du commandement militaire des élèves.

A Constantinople, ils sont placés sous les ordres d'un officier supérieur appelé *chef du service intérieur* (*dakhlié mudiri*).

Le nombre des officiers employés dans les collèges militaires est de 47 pour le Collège de Constantinople, de 35 pour le collège préparatoire à l'École de médecine militaire (*mekteb i i'dady i thebbi*) et de 73 pour l'ensemble des collèges de province (de 7 à 17 par établissement). Le nombre des élèves est ordinairement de 200 à 250 dans chacun des deux collèges de Constantinople ; il varie de 80 à 140 dans les collèges de province.

Bien que le but des collèges militaires soit spécialement de préparer les élèves en vue de l'admission aux écoles militaires proprement dites, la carrière militaire n'est nullement obligatoire pour les jeunes gens qui en sortent, et bon nombre d'entre eux sont au contraire admis dans les écoles supérieures civiles (des sciences politiques, de médecine, etc.) ou dans les différents services publics (1).

École militaire d'infanterie et de cavalerie.

L'*École militaire* proprement dite, destinée à la préparation immédiate au grade de sous-lieutenant, porte le nom d'*École impériale des sciences militaires* (*Mekteb i funoun i harbié i chahané* ou, par abréviation *Mekteb i harbié*). Elle se trouve dans la banlieue de Constantinople, à *Pancaldi*, au-dessus de Dolma-Baghtché. Les élèves-officiers destinés à l'infanterie et à la cavalerie passent seuls par cette école et sont répartis dès leur entrée entre ces deux armes.

La durée des cours de l'École militaire est de *trois années*, à la suite desquelles les élèves qui ont satisfait aux examens de sortie sont nommés *seconds-lieutenants* (*mulazim-i-sani*) et répartis dans les corps de troupe de leur arme.

Les élèves qui échouent aux examens sont envoyés dans la troupe avec le grade de sergent-major et rentrent, au point de vue d'un avancement ultérieur, dans les mêmes conditions que les autres sous-officiers.

Pendant leur présence à l'école les élèves ont droit à une solde.

L'enseignement comprend les règlements et la tactique des différentes armes, l'artillerie, la fortification, la topographie, l'histoire, la géographie et la littérature au point de vue militaire, l'organisation des armées, la phy-

(1) Il a été question de créer, dans les collèges militaires, des cours spéciaux, d'une durée d'un an, où les sous-officiers proposés pour le grade de sous-lieutenant compléteraient leur instruction générale. Chacun de ces cours devait recevoir de 40 à 50 élèves, soit 300 à 350 pour les 7 écoles existantes.

sique, la chimie, la géométrie descriptive, la trigonométrie, le dessin, les langues française, allemande et russe (une seule de ces deux dernières est obligatoire). Les cours scientifiques sont compris en entier dans la première année d'études. Tous les professeurs, à l'exception de quelques maîtres de langues, sont des officiers.

Le nombre des élèves de l'École militaire dépasse 500. La promotion sortie l'année dernière était de 250, mais jusqu'alors les promotions variaient ordinairement entre 120 et 150 élèves.

A l'École militaire d'infanterie et de cavalerie est rattachée une *École vétérinaire militaire* dont les cours durent quatre ans ; les élèves qui ont subi avec succès les examens de sortie reçoivent le grade de *capitaine vétérinaire*.

Le personnel de l'École militaire (y compris l'École vétérinaire) ne comporte pas moins de 97 officiers dont 44 professeurs (3 d'entre eux sont des officiers généraux) et 45 professeurs adjoints.

Le personnel de direction et de surveillance comporte un général de division (Servet-Pacha) commandant l'école (*mudir*) ; un colonel, directeur des études de l'École militaire ; un colonel vétérinaire, directeur des études de l'École vétérinaire et 14 officiers surveillants, du grade de lieutenant-colonel à celui de premier-lieutenant.

École d'État-major.

Les élèves classés les premiers à la sortie de l'École militaire peuvent entrer directement à l'*École d'État-Major* (*Erkian i harbié mektebi*). Ils doivent pour cela avoir obtenu aux examens une moyenne déterminée, et leur nombre ne doit pas dépasser le dixième des élèves sortants. On admet, en outre, à l'École d'État-Major, quelques élèves sortant de l'École d'artillerie et du génie (1).

Les élèves entrant à l'École d'État-Major sont immédiatement promus lieutenants et au bout de trois ans de cours ils sont classés dans l'État-Major avec le grade de capitaine.

Le programme de l'enseignement comprend les matières suivantes :

1re *année :* Tactique et stratégie, topographie, fortification de campagne, balistique, histoire militaire, algèbre supérieure, géométrie analytique, géométrie descriptive, littérature militaire ;

2e *année :* Tactique et stratégie, histoire des campagnes, géographie de l'empire ottoman et des pays voisins, calcul différentiel et intégral, mécanique, architecture militaire, chemins de fer, chimie, géologie ;

3e *année :* Tactique et stratégie, service d'état-major, guerre de siège, histoire de la littérature militaire, emploi des chemins de fer et des télégraphes au point de vue militaire, histoire militaire, géographie militaire et statistique de l'Europe, architecture, astronomie et géodésie, mécanique.

L'étude de la langue française et d'une des deux langues allemande ou russe (au choix des élèves) est commune aux trois années. Certains cours étant professés en français, l'enseignement de notre langue est l'objet de soins tout particuliers.

Les travaux extérieurs d'application comprennent le tir, les levers topographiques, les voyages d'instruction, les exercices relatifs au service d'état-major en campagne, etc.

---

(1) Le nombre des élèves de l'École d'État-Major a été jusqu'à présent de 15 à 20 par promotion.

On voit que le programme de l'École d'État-Major est vaste et très varié et qu'il n'a pas seulement pour but de préparer les officiers-élèves aux fonctions d'officiers d'état-major, mais encore de compléter leur instruction générale.

Le commandement et le corps enseignant sont communs avec ceux de l'École militaire dont l'École d'État-Major n'est, à proprement parler, qu'une section supérieure.

École de l'artillerie et du génie.

L'École de l'artillerie et du génie, tout en fournissant des officiers aux troupes de ces deux armes dépendant du ministère de la guerre, est placée dans les attributions de la Grande Maîtrise de l'Artillerie. Cette école, qui porte officiellement le nom d'*École impériale des ingénieurs de l'armée de terre* (*Muhendis-khané i berri i humayoun*), est installée à *Koumbarkhané*, dans l'intérieur de Constantinople (1).

L'enseignement y est principalement scientifique et s'étend sur quatre années.

A la fin de la troisième année, les élèves qui ont satisfait aux examens sont nommés seconds-lieutenants ; ils reçoivent en quittant l'école, après la quatrième année, le grade de premier-lieutenant. La situation des élèves de 4e année est donc analogue à celle des officiers-élèves des écoles d'application que possèdent les principales armées occidentales.

En plus des cours normaux des quatre années, il existe encore un cours supérieur d'une durée de 3 ans, dans lequel sont admis les élèves qui, aux examens de la quatrième année, ont obtenu la note très bien. Le nombre de ces élèves ne doit pas dépasser un dixième de la promotion sortant de l'école inférieure.

(1) Une école d'ingénieurs civils où se recrute le personnel supérieur du service des travaux publics est annexée à l'École de Koumbarkhané.

Les lieutenants-élèves ayant terminé avec succès les trois années du cours supérieur, sont promus immédiatement capitaines.

La moyenne des promotions à l'école de Koumbarkhané est de 30 à 40 élèves, dont un sixième environ sort dans le génie; le reste est affecté à l'artillerie.

Le personnel de l'école comprend 71 officiers, dont 48 pour l'enseignement.

École de médecine militaire.

Pour terminer l'énumération des écoles militaires ottomanes, il convient de citer l'*École de médecine militaire* (*Mekteb i funoun i thabié i chahané*), instituée à Constantinople il y a plus de cinquante ans. La durée des cours de cette école est de six années, au bout desquelles les élèves en médecine ou en pharmacie reçoivent le grade de capitaine dans le corps de santé. Avant d'être appelés au service régimentaire, les médecins sortant de l'école accomplissent un stage pratique de deux années à l'hôpital militaire de Haïder-Pacha (près de Scutari). Il sort annuellement de cette école une moyenne de 30 médecins ou pharmaciens militaires. Le nombre total des élèves est de 450 à 500.

OBSERVATIONS GÉNÉRALES.

L'ensemble des établissements d'instruction de l'armée ottomane est placé sous la haute autorité d'un *Directeur général des Écoles militaires* (*'oumoum mekiatib i 'askérié naziri*).

Ces fonctions sont actuellement remplies par le Grand Maître de l'Artillerie *Zekki-Pacha*. Après lui se trouve, en qualité d'*Inspecteur des Écoles militaires* (*Mekiatib i 'askérié mufettichi*), le chef de la Mission militaire allemande *von der Goltz* (Goltz-Pacha).

On voit, en résumé, que l'instruction des futurs officiers ottomans est l'objet de beaucoup de soins. Dans ces dernières années, la constitution intérieure et le fonctionnement des Écoles militaires ont encore fait des progrès sensibles.

On peut cependant reprocher à l'organisation actuelle de l'enseignement militaire ottoman de trop sacrifier, en général, la pratique à la théorie, défaut d'autant plus sensible que les élèves les plus distingués des écoles de Pancaldi et de Koumbarkhané peuvent y prolonger leur séjour de manière à n'entrer dans le service actif qu'avec le grade de capitaine. De sorte qu'à côté d'officiers sortant des rangs et manquant parfois complètement de connaissances théoriques, on peut trouver des officiers de grade déjà élevé possédant une instruction brillante, mais dénués de la pratique du service. On a déjà remédié en partie à ce défaut en augmentant dans les diverses écoles le nombre et l'importance des exercices d'application. Un autre progrès, facile à réaliser, serait de n'accorder l'entrée de l'École d'État-Major ou du cours supérieur du *Muhendis-khané* qu'aux officiers ayant déjà un certain temps de service dans les troupes, comme cela se pratique partout pour l'admission aux Écoles supérieures de guerre. Ce système aurait en outre l'avantage d'encourager les officiers sortis des écoles à s'entretenir dans les connaissances acquises et à les développer.

L'instruction des officiers turcs ne se borne pas à celle qu'ils reçoivent dans les écoles du pays, et un certain nombre d'entre eux sont envoyés chaque année à l'étranger, soit pour suivre les cours des Écoles militaires, soit pour accomplir des stages dans les troupes. Le plus grand nombre va actuellement en Allemagne, mais depuis un certain temps quelques-uns sont aussi envoyés en France.

Cadres inférieurs.

Les grades inférieurs sont ceux de :

Sergent-major (*bach-tchaouch*),
Sergent-major de 2e classe (*bach-tchaouch-vékili*),
Sergent (*tchaouch*),
Sergent de 2e classe (*tchaouch-vékili*),

dont les titulaires constituent la catégorie des sous-officiers (*kutchuk-zabithan*) (1). A la même catégorie se rattache l'emploi de fourrier (*beuluk emini*).

Le caporal (*onbachy*), qui prend rang entre le sergent de 2e classe et le simple soldat (*néfer*, pluriel *néférat*), n'est pas considéré comme sous-officier.

Les dénominations des grades inférieurs sont les mêmes dans toutes les armes.

Les candidats au grade de sergent sont instruits dans des écoles organisées dans chaque régiment, ainsi que dans les bataillons détachés ou indépendants, et dont les cours durent un an. Leur enseignement, en dehors des connaissances militaires, correspondant à l'emploi de sous-officier (règlements de manœuvre et de tir, service intérieur, service en campagne), se borne à la lecture, à l'écriture et aux quatre opérations élémentaires de l'arithmétique. Les caporaux et soldats peuvent être admis au bout d'un an de service à suivre les cours de ces écoles, mais, dans la pratique, ils n'y entrent guère qu'après deux ou trois ans. La promotion au premier grade de sous-officier est précédée d'un examen d'aptitude.

Les soldes des hommes de troupe sont fixées d'après le tarif suivant :

---

(1) Littéralement, *petits officiers*. Par opposition, on appelle parfois les officiers *beuyuk zabithan*, grands officiers.

Sergent-major.	50 piastres,	ou 11 fr. 00	par mois.
Sergent.	40	—	8 fr. 80	—
Caporal.	30	—	6 fr. 60	—
Soldat.	20	—	4 fr. 40	—

Ces chiffres ne comprennent pas, bien entendu, les allocations relatives à la nourriture ; celle-ci est, en effet, toujours délivrée en nature. Tous les hommes de troupe, sans distinction de grade, ont droit à une ration composée de 960 grammes de pain, 192 grammes de viande, 156 grammes de riz, plus du sel, de l'huile, du combustible, etc.

On ne s'est pas préoccupé, jusqu'à présent, en Turquie, de retenir les sous-officiers sous les drapeaux par l'allocation d'avantages pécuniaires. La perspective de l'accès à la situation d'officier, ouverte même aux sous-officiers n'ayant qu'une instruction première médiocre, avait paru un attrait suffisant pour provoquer des rengagements. Comme l'on tend maintenant, avec raison, à rendre plus difficile l'arrivée des sous-officiers au grade de sous-lieutenant, il est possible que la Turquie se trouve amenée à prendre à l'égard des sous-officiers rengagés des mesures analogues à celles qui sont déjà en usage dans la plupart des armées européennes.

On sait que la solde proprement dite n'est payée que d'une façon assez irrégulière. Au moment du renvoi d'une classe dans ses foyers les hommes qui en font partie reçoivent habituellement en argent une partie des arriérés, tandis que pour le reste on leur remet des bons dont ils peuvent faire usage ensuite pour le payement des impôts.

IV. — Grands commandements.

Divisions territoriales.

Le territoire de l'Empire ottoman est divisé en 7 grandes circonscriptions militaires, appelées *régions d'armée* (*ordou daïresi*) (1). C'est cette division qui forme la base de l'organisation des forces militaires turques, aussi bien au point de vue des troupes et services de l'armée active, qu'en ce qui concerne l'armée de réserve et la milice.

Chaque région d'armée doit mobiliser, en cas de guerre : un corps d'armée (*kol-ordou*) de *nizam* (armée active), deux corps d'armée de *rédif* (armée de réserve), un corps d'armée de *mustahfiz* (milice). Mais, actuellement, les six premières régions seules mobilisent des troupes de l'armée de réserve et de milice ; le 7e corps (*Yémen*) n'a que des troupes actives.

Sur le pied de paix, chaque région possède un corps d'armée complet de *nizam* (armée active) et les cadres de quatre divisions d'infanterie de *rédif* (armée de réserve).

En dehors des sept régions d'armée, les territoires de la *Crête*, du *Hedjaz* et de la *Tripolitaine* sont occupés par des divisions n'entrant pas dans la composition des corps d'armée, mais rattachées cependant au commandement de l'une des régions (Tripoli au 1er corps, la Crête au 2e, le Hedjaz au 7e).

La subdivision des régions d'armée est basée sur la constitution de l'armée de réserve (*rédif*) ; la région se partage en 4 circonscriptions de division, 8 de brigade, 16 de régiment, 64 de bataillon et 256 de compagnie. Cette subdivision ne s'applique pas au 7e ordou qui,

---

(1) Voir les cartes.

comme nous l'avons dit, ne fournit pas de troupes de réserve.

Les territoires des 2e et 3e régions s'étendent partie en Europe et partie en Asie. Celui de la 1re région (Garde) ne comprend en Europe que la ville de Constantinople et ses environs.

La division militaire actuelle, prescrite par un décret du 28 septembre 1887, mais mise en vigueur seulement en 1893, a été établie de manière que chaque circonscription de bataillon renferme approximativement 7,000 hommes de 20 à 40 ans appartenant à la religion musulmane, soit, pour une région entière, un total d'environ 448,000 hommes astreints au service militaire.

Le tableau suivant donne la composition des régions, ainsi que les chefs-lieux des circonscriptions de division, brigade et régiment :

1re Région (Garde).

(*Khassa ordou i humayounou.*)

Quartier général : Constantinople.

District métropolitain; sandjaks d'Ismid et de Tchataldja (1); vilayets d'Angora et de Kastamouni.

Divisions.	Brigades.	Régiments.
1 Brousse.	1 Brousse.	1 Brousse.
		2 Mihalatch.
	2 Ismid.	3 Ismid.
		4 Boli.
2 Kastamouni.	3 Kastamouni.	5 Kastamouni.
		6 Kianghri.
	4 Sinop.	7 Sinop.
		8 Inébolou.

(1) Le sandjak de Tchataldja a été, sur la carte, compris par erreur dans la circonscription du 2e ordou.

Divisions.	Brigades.	Régiments.
3 Angora.	5 Angora.	9 Angora.
		10 Beybazar.
	6 Erékli.	11 Erékli.
		12 Zahfiranbolou.
4 Kaïsarié.	7 Kaïsarié.	13 Kaïsarié.
		14 Nevchéhir.
	8 Iosgad.	15 Iosgad.
		16 Kirchéhir.

2e Région.

Quartier général : Andrinople.

En Europe : Vilayet d'Andrinople.

En Asie : Sandjak de Kalé i Sultanié ; partie des vilayets de Khodavendguiar, Konié, Adana et Aïdin.

Divisions.	Brigades.	Régiments.	
5 Andrinople.	9 Andrinople.	17 Andrinople.	Europe.
		18 Gumuldjina.	
	10 Gallipoli.	19 Gallipoli.	
		20 Kalé i Sultanié.	Asie.
6 Balikésir.	11 Balikésir.	21 Balikésir.	
		22 Bergame.	
	12 Kutahié.	23 Kutahié.	
		24 Simav.	
7 Afion Karahissar.	13 Afion Karahissar.	25 Afion Karahissar.	
		26 Ouchak.	
	14 Isbarta.	27 Isbarta.	
		28 Akchéhir.	
8 Konié.	15 Konié.	29 Konié.	
		30 Karaman.	
	16 Antalia.	31 Antalia.	
		32 Selevké.	

3e Région.

Quartier général : Monastir.

En Europe : Vilayets de Kossovo, Monastir, Salonique, Ianina et Scutari.

En Asie : Vilayet d'Aïdin (pour la plus grande partie) et une petite fraction de celui de Konié.

Divisions.	Brigades.	Régiments.	
9 Monastir.	17 Monastir.	33 Monastir.	Europe.
		34 Dibra.	
	18 Ianina.	35 Ianina.	
		36 Bérat.	
10 Uskub.	19 Uskub.	37 Uskub.	
		38 Melnik.	
	20 Prichtina.	39 Prichtina.	
		40 Prizren.	
11 Salonique.	21 Salonique.	41 Salonique.	
		42 Vodéna.	
	22 Denizlu.	43 Denizlu.	Asie.
		44 Mougla.	
12 Smyrne.	23 Smyrne.	45 Smyrne.	
		46 Torghotlou.	
	24 Aïdin.	47 Aïdin.	
		48 Nazili.	

4e Région.

Quartier général : Erzindjan.

Vilayets de Trébizonde, Erzéroum, Van, Bitlis, Diarbékir, Ma'mouret ul 'Aziz, Sivas (moins quelques fractions).

Divsions.	Brigades.	Régiments.
13 Erzéroum.	25 Erzéroum.	49 Erzéroum.
		50 Van.
	26 Erzindjan.	51 Erzindjan.
		52 Baïbourt.
14 Trébizonde.	27 Trébizonde.	53 Trébizonde.
		54 Rizé.
	28 Samsoun.	55 Samsoun.
		56 Kirésun (Kérassonde)
15 Diarbékir.	29 Diarbékir.	57 Diarbékir.
		58 Bitlis.
	30 Kharpout.	59 Kharpout.
		60 Malatia.
16 Sivas.	31 Sivas.	61 Sivas.
		62 Kara-Hissar.
	32 Amasia.	63 Amasia.
		64 Tokad.

5e RÉGION.

QUARTIER GÉNÉRAL : DAMAS.

Sandjaks de Jérusalem et de Zor ; Vilayets de Syrie, Beyrout, Alep, Adana (moins une petite partie).

Divisions.	Brigades.	Régiments.
17 Damas.	33 Damas.	65 Damas.
		66 Balbek.
	34 Tripoli.	67 Tripoli de Syrie.
		68 Latakié.
18 Aka (Saint-Jean-d'Acre).	35 Aka.	69 Aka.
		70 Naboulous (Naplouse).
	36 Jérusalem.	71 Jérusalem.
		72 Jaffa.
19 Alep.	37 Alep.	73 Alep.
		74 Edleb.
	38 Orfa.	75 Orfa.
		76 Aintab.
20 Adana.	39 Adana.	77 Adana.
		78 Iskenderoun (Alexandrette).
	40 Marach.	79 Marach.
		80 Sis.

6e RÉGION.

QUARTIER GÉNÉRAL : BAGDAD.

Vilayets de Mossoul, Bagdad et Bassora.

Divisions.	Brigades.	Régiments.
21 Bagdad.	41 Bagdad.	81 Bagdad.
		82 Kazoumié.
	42 Nasrié.	83 Nasrié.
		84 Divanié.
22 Suléïmanié.	43 Suléïmanié.	85 Suléïmanié.
		86 Albédjé.
	44 Khanikin.	87 Khanikin.
		88 Bahkoubé.
23 Kerkuk.	45 Kerkuk.	89 Kerkuk.
		90 Bazian.
	46 Revandouz.	91 Revandouz.
		92 Keuï-Sandjak.

Divisions.	Brigades.	Régiments.
24 Mossoul.	47 Mossoul.	93 Mossoul.
		94 Bachika.
	48 Dehok.	95 Dehok.
		96 Akra.

7e Région.

Quartier général : Sana.

Vilayet du Yémen.

(Le 7e corps d'armée n'étant qu'un corps d'occupation, la 7e région n'a pas de subdivisions territoriales.)

États-majors des corps d'armée, divisions et brigades.

A la tête de chaque ordou se trouve un commandant en chef, du grade de maréchal (*ordou muchiri*), qui réunit dans ses mains le commandement des troupes, actives ou de réserve de la région, et le commandement territorial. Les commandants des deux divisions actives et des quatre divisions de rédif dépendent directement de lui.

Malgré les particularités résultant de la présence des cadres permanents de réserve, la région d'armée joue, en Turquie, le rôle des régions de corps d'armée des États occidentaux, et le commandant d'ordou peut être assimilé à un commandant de corps d'armée. C'est pourquoi, dans le cours de cette étude, nous avons ordinairement traduit le mot *ordou* par *corps d'armée*, bien que sa traduction littérale fût *armée* (corps d'armée se disant, en turc, *kol-ordou*).

L'action du commandant de corps d'armée s'étend à toutes les parties du service, instruction, administration, recrutement, préparation des troupes à la guerre, dispositions en vue de la mobilisation, réquisitions, statistique militaire de la région, etc.

L'*État-Major* du corps d'armée (*ordou erkian i harbiési*) se divise en deux parties : l'*État-Major proprement dit* (*erkian i harb daïrési*) et l'*Intendance du corps d'armée* (*ordou levazem daïrési*).

L'*État-Major* proprement dit, placé sous les ordres directs du chef d'état-major du corps d'armée (*erkian i harb réïsi*), officier du grade de général de brigade, se divise en deux bureaux (*chou'bé*), ayant à leur tête un colonel ou lieutenant-colonel du corps d'état-major.

Le premier bureau s'occupe, en temps de paix, des questions qui se rapportent spécialement à la préparation de la guerre : mesures relatives à la mobilisation et à la concentration, instruction, manœuvres, statistique militaire de la région, communications, etc. En campagne, il serait principalement appelé à coopérer à la direction des opérations.

Le deuxième bureau forme deux sections, dont l'une est chargée de la correspondance et des affaires du personnel, l'autre, du recrutement et des réserves.

Le nombre des officiers employés dans chaque état-major varie beaucoup suivant les corps d'armée; de 5 ou 6, dans quelques-uns, il s'élève à 16 dans le 3e corps.

L'*Intendance du corps d'armée*, dont le chef est un général de brigade, comprend quatre bureaux : 1° caisse du corps d'armée, service de la solde; 2° subsistances, fourrages et chauffage ; 3° habillement; 4° casernement et hôpitaux.

Le personnel d'une intendance de corps d'armée se compose ordinairement de 8 ou 10 officiers de divers grades et de 4 à 7 officiers d'administration (intendants de régiment, secrétaires de régiment ou de bataillon).

Les établissements du service des subsistances, magasins, manutentions, etc., ainsi que les détachements d'ouvriers militaires des diverses professions, dépendent de l'intendance du corps d'armée.

Les commandements de divisions et de brigades du

nizam ne sont que des commandements de troupes. Auprès des généraux de divisions d'infanterie, de cavalerie et d'artillerie se trouvent des états-majors composés de deux ou trois officiers, dont un officier supérieur, chef d'état-major ; les généraux de brigade n'ont, auprès d'eux, qu'un officier subalterne, comme officier d'ordonnance (*iavour*).

Les états-majors des divisions et brigades de rédif ont des attributions spéciales dont il sera question dans les chapitres traitant du recrutement et des troupes de réserve.

Les officiers employés dans les différents états-majors appartiennent, en principe, au *corps d'état-major* recruté, comme nous l'avons indiqué plus haut, parmi les officiers sortant les premiers des écoles militaires et ayant suivi les cours de l'École d'État-Major, annexée à l'École militaire de Pancaldi. Ces officiers font, normalement, toute leur carrière dans l'État-Major, et ce n'est qu'exceptionnellement que quelques-uns quittent ce service pour prendre le commandement d'une unité.

V. — Loi militaire.

Durée du service.

Le service militaire dans l'Empire ottoman est actuellement régi par la loi du 27 Sefer 1304 ou 13 novembre 1302 (25 novembre 1886), qui a remplacé la loi de 1869 tout en en conservant les principes généraux.

Aux termes de la loi nouvelle, l'obligation du service militaire pour les sujets musulmans *seuls* (1) est maintenue. Le service est obligatoire et personnel, sauf pour les habitants de la ville de Constantinople et des trois

(1) Les chrétiens qui embrassent l'islamisme restent personnellement exempts du service militaire, mais leurs descendants y sont soumis.

faubourgs de Péra, Eyub et Scutari, qui conservent l'exemption totale dont ils jouissent traditionnellement.

En réalité, l'application du service militaire n'est pas aussi étendue qu'elle devrait l'être d'après le texte de la loi. Dans la Turquie d'Asie, de nombreuses populations de race kurde ou arabe échappent complètement au service dans l'armée régulière ; il est vrai, comme nous le verrons plus loin, qu'on a pris récemment des mesures pour constituer avec ces tribus des milices locales susceptibles d'être employées en temps de guerre avec l'armée régulière. On n'a pas davantage jusqu'ici introduit le service obligatoire en Tripolitaine. Enfin, les habitants musulmans de la Crète et des îles de l'Archipel, ceux de la ville de Scutari d'Albanie, certaines tribus musulmanes de l'Albanie septentrionale sont également, dans la pratique, dispensés du service militaire.

L'obligation de servir commence à partir du 1er mars (vieux style) de l'année dans laquelle les jeunes gens atteignent l'âge de 21 ans. Sa durée est de 20 années réparties de la manière suivante :

1° 6 ans dans l'*armée active* (*'asakir i nizamié*, par abréviation *nizam*) (1), et sa *réserve* (*ihtiath*) ;

2° 8 ans dans l'*armée de réserve* (*'asakir i redifé*, par abréviation *rédif*) ;

3° 6 ans dans l'*armée territoriale* ou *milice* (*'asakir i mustahfizé*, par abréviation *mustahfiz*).

Pour les hommes affectés à la marine, la durée du service est réduite à 12 années, dont 8 dans l'armée active ou sa réserve et 4 dans l'armée de réserve.

(1) On appelle aussi, quoique plus rarement, l'*armée active*, *'asakir i muvazzafé*, c'est-à-dire *troupes soldées*.

Les jeunes gens appelés à satisfaire à la loi militaire sont répartis en deux catégories. La *première catégorie* (*birindji qysm*) comprend ceux qui n'ont aucun motif d'exemption ou de dispense; la *deuxième catégorie* (*ikindji qysm*), les hommes exemptés pour infirmités, ou dispensés en raison de leur situation de famille, de leur profession, etc.

Les hommes de la *première catégorie* sont, eux-mêmes, répartis entre deux *portions du contingent*, répartition analogue à celle qui s'opérait en France sous l'empire de la loi de 1872. Les hommes de la *première portion* (*tertib i evvel*) sont incorporés dans l'armée active pour une durée qui est en principe de 3 années, mais qui, dans la pratique, se prolonge le plus souvent jusqu'au milieu ou jusqu'à la fin de la quatrième année.

La durée du service dans l'armée active compte du jour de l'incorporation qui s'effectue ordinairement en septembre ou en octobre.

On classe chaque année dans la première portion du contingent le nombre d'hommes nécessaire pour ramener les corps de troupe à leur effectif normal après le départ de la classe libérée. La répartition est faite d'après un tirage au sort, en commençant par les plus bas numéros.

Les hommes restants de la première catégorie sont classés dans la *deuxième portion du contingent* (*tertib i sani*) et seulement astreints à un service de 6 à 9 mois sous les drapeaux. Ils forment ensuite la *réserve de recrutement* jusqu'au moment où ils passent dans la *réserve de l'armée active*, en même temps que les hommes de la première portion. Les hommes de la réserve de recrutement (*efrad i mevqoufé*) peuvent être rappelés au service actif pour combler les vides de l'effectif de paix.

Les hommes de la deuxième catégorie (*ikindji qysm*) aptes au service, c'est-à-dire en général les dispensés pour raison de famille, étant susceptibles d'être appelés sous les drapeaux en cas de guerre, doivent recevoir un certain degré d'instruction militaire, sans être astreints cependant à s'éloigner de leurs domiciles. D'après un règlement promulgué récemment, cette instruction doit être donnée pendant 8 mois de l'année, le vendredi (jour de repos des musulmans), par les soins des cadres permanents des bataillons de *rédif*. Elle comprend le maniement d'armes, le tir à la cible et les théories les plus indispensables. Afin d'occasionner moins de dérangement aux hommes, les localités sont groupées en petites circonscriptions correspondant chacune au quart d'une circonscription de compagnie de rédif.

Les *réservistes de l'armée active* ne doivent pas s'éloigner de la circonscription de recrutement (circonscription de bataillon de rédif) dont ils dépendent, sans une permission de l'autorité militaire, permission qui ne leur est accordée que s'ils justifient de la possibilité de rejoindre, en cas d'appel, le lieu de rassemblement dans un délai maximum de 30 jours. Ils peuvent être convoqués à tour de rôle, par périodes de 6 semaines, pour le service de garde dans les dépôts de rédif (à défaut de troupes actives disponibles). Enfin, un décret impérial (*iradé i humayoun*) peut les rappeler à l'activité dans le but de renforcer l'effectif des troupes permanentes.

Les hommes de l'*armée de réserve* (*rédif*) doivent, en principe, être appelés tous les deux ans à accomplir une période d'instruction d'une durée d'un mois. Ils peuvent être appelés à l'activité par décret. Les troupes de rédif mobilisées sont assimilées en tout à celles de l'armée active.

Dispenses.

Dispenses résultant des fonctions.

Les conditions dans lesquelles sont accordées, en Turquie, les exemptions partielles ou totales du service militaire, diffèrent assez sensiblement de celles en vigueur dans les autres États de l'Europe. Ces différences tiennent à la fois à la constitution politique et à l'organisation sociale du pays. Ainsi nous voyons d'abord que le Sultan peut, par décret, dispenser qui bon lui semble du service militaire.. Des exemptions sont accordées aussi d'une façon très large aux personnes attachées au service personnel du Sultan ou à celui de sa maison. D'une façon générale, ces personnes doivent, pour être dispensées d'une façon définitive, rester pendant 14 ans, au moins, au service impérial.

Les fonctions religieuses dispensent aussi du service militaire, mais à condition de correspondre à un service réel et de ne pas constituer seulement un titre honorifique.

Les élèves (*softa*) des écoles de théologie et de droit musulman (*médaris*) sont exemptés du service dans l'armée active à condition de subir avec succès, pendant chacune des six années qui suivent l'époque du tirage au sort, un examen sur les matières enseignées à la *médrésé*. A la suite du sixième examen, ils sont classés dans le rédif.

Les élèves des écoles supérieures de l'État, de l'École de médecine, de l'École des ingénieurs, de l'École vétérinaire, bien que tirant au sort en même temps que les autres jeunes gens de leur âge, sont laissés en congé jusqu'à ce qu'ils aient achevé leurs études et obtenu leur diplôme. S'ils entrent alors au service de l'État, ils sont classés dans la deuxième catégorie (*ikindji qysm*). Les médecins et vétérinaires civils peuvent, en cas de besoin, être appelés à servir comme médecins ou vétérinaires militaires.

Le jeune homme né dans une localité dont les habitants sont, de par la loi, exemptés du service militaire, continue à être dispensé tant que dure le privilège conféré aux habitants de cette localité. S'il va élire domicile et se marier dans une région où le service est obligatoire, ses enfants seront astreints au service militaire. Inversement, si l'habitant d'une région non privilégiée s'établit dans une localité où le service n'est pas obligatoire et s'y marie, ses enfants jouissent du privilège conféré aux habitants de la seconde résidence de leur père.

Indignité.

Comme dans la plupart des autres États, les hommes qui ont encouru certaines condamnations infamantes sont considérés comme indignes de porter les armes et exclus du service militaire. D'ailleurs, en Turquie, ces condamnations (cinq années ou plus de travaux forcés) entraînent l'incapacité perpétuelle d'exercer aucun emploi public.

Exemptions pour cause d'infirmité ou de maladie.

Les exemptions définitives pour cause d'inaptitude physique ne sont prononcées que dans le cas d'infirmités apparentes. Il suffit alors à l'intéressé de faire constater son état par le conseil de recrutement. Dans les autres cas, si un homme déclaré par le conseil de recrutement impropre au service a tiré un numéro qui le classe dans la première portion du contingent, il doit être contre-visité au chef-lieu de la brigade de rédif par deux médecins militaires. Si l'incapacité est reconnue, l'homme est ajourné à l'année suivante et doit se représenter devant le conseil de recrutement jusqu'à l'année où sa classe passe dans le rédif, ou bien jusqu'à ce qu'il soit reconnu apte au service et incorporé. Dans le dernier cas, la durée du service ne compterait que du moment de l'incorporation.

Dispenses pour raisons de famille.

Les dispositions réglant le droit aux dispenses pour raisons de famille sont extrêmement compliquées, car la loi considère comme soutiens non seulement les ascendants et descendants, mais aussi des collatéraux, et tient compte en outre de certaines conditions spéciales relatives, par exemple, à la résidence des personnes visées par la loi. Ainsi des parents à un certain degré seront considérés, dans certains cas, comme soutiens d'une famille s'ils habitent dans la même localité ; dans d'autres cas, il faudra qu'ils habitent la même maison.

Le principe fondamental de la législation paraît être de laisser dans chaque famille un homme capable de l'administrer et de soutenir ses intérêts, mais ce *soutien* (*mou'in*) peut être un fils plus jeune que le conscrit ou un ascendant, pourvu qu'ils n'aient pas moins de 15 ans ni plus de 70, et qu'ils soient aptes au travail, ou bien encore un frère, un gendre, un petit-fils, un neveu, remplissant certaines conditions au point de vue du domicile.

Les hommes dispensés pour raison de famille sont désignés en turc sous le nom de *mou'insiz*, c'est-à-dire *sans soutien ;* leur famille n'ayant, en effet, pas d'autre soutien qu'eux, ils doivent eux-mêmes continuer à lui en servir ; les autres hommes sont, au contraire, appelés *mou'inlu*, c'est-à-dire *pourvus d'un soutien ;* leur incorporation n'entraîne par conséquent aucun dommage pour leur famille.

Les principaux cas d'exemption sont les suivants :

a) Lorsqu'un homme ou une veuve ont un fils appelé par la conscription et n'ont pas d'autre fils âgé de plus de 15 ans et apte au travail, habitant soit dans la même maison, soit dans une autre maison de la même localité, ni de père, frère, gendre, petit-fils ou autre parent, *habitant dans la même maison*, le jeune homme appelé est laissé en congé. Cette disposition (art. 42) accorde donc la dispense même au fils d'un père valide, ayant d'autres fils également valides, mais n'habitant pas la même localité. La même disposition s'applique (art. 46) en faveur du grand-père ou de la grand'mère, mais seulement au cas où ils n'auraient pas d'autres fils ou petits-fils, ni de frère, gendre, etc., habitant dans le *même kaza* et susceptible de prendre soin de leurs affaires.

b) Lorsqu'un homme ou une veuve ayant un fils appelé par la conscription, n'en ont pas d'autre âgé de plus de 15 ans, et ont antérieurement perdu deux fils décédés sous les drapeaux, le jeune homme en question est dispensé même si sa famille possède d'autres parents aptes à lui servir de soutien.

c) Lorsqu'une famille a déjà un fils sous les drapeaux, et qu'un second est appelé par la conscription, ce dernier est laissé en congé jusqu'au retour de son frère, si toutefois il n'y a pas dans cette famille d'autre fils âgé de plus de 15 ans.

d) Lorsque, dans une même famille, plus de deux fils tirent au sort la même année, deux au plus peuvent être classés dans la première portion du contingent, même si un plus grand nombre ont amené des numéros de cette catégorie ; les autres sont laissés en congé. S'il n'y a que deux frères tirant ensemble, et qu'ils amènent tous les deux des numéros de la première portion, un seul des deux appelés sera classé dans la première portion du contingent, et l'autre sera versé dans la deuxième portion, s'ils n'ont pas d'autre frère âgé de plus de 15 ans ou s'ils en ont déjà un présent sous les drapeaux ; c'est le père qui désigne lequel de ses deux fils jouira de cette faveur. En dehors des cas qui viennent d'être prévus, deux frères tirant au sort ensemble suivent le sort que leur désignent leurs numéros de tirage (1). Si l'un des deux a un numéro de la seconde portion, ils peuvent, avec le consentement de leur père, échanger leurs numéros.

e) Un jeune homme qui est lui-même chef de famille ou qui est chargé, d'après la loi religieuse, de la tutelle d'orphelins, est laissé en congé s'il n'a pas un père, un beau-père ou un beau-frère âgé de plus de 25 ans, qui puisse prendre soin de ses intérêts ou de ceux des orphelins confiés à sa garde.

Des dispositions qui précèdent, il résulte que, sauf sur quelques points particuliers, la législation ottomane est moins large, en ce qui concerne les dispenses pour raisons de famille, que celles des autres États européens.

En outre, dans presque tous les cas, la dispense accordée n'est pas définitive ; le jeune homme est seulement ajourné à l'année suivante et classé dans la catégorie des *hommes en congé* (*efrad i mézouné*). Si dans l'intervalle il cessait d'avoir la qualité de soutien unique de sa famille, il serait rappelé au service actif. Or cette éventualité, assez rare selon les législations occidentales, doit se présenter fréquemment avec les dispositions de la loi turque ; il suffit, par exemple, qu'un frère ou un neveu de l'homme en congé atteigne l'âge de 15 ans qui permet de le considérer comme soutien. Le règlement sur le recrutement dispose expressément (art. 59) que les *conseils de recrutement* (conseils de revision) exami-

---

(1) Il est vrai que l'art. 46 dit que lorsque deux fils d'un même père tirent au sort ensemble et amènent des numéros de la 1re portion, l'un des deux seulement est incorporé dans cette portion du contingent et l'autre versé dans la seconde. Mais, d'autre part, l'art. 47 dit formellement que si deux fils d'un même père tirent au sort en même temps et qu'il existe un autre fils âgé de plus de 15 ans et capable de s'occuper des affaires de la famille, les deux appelés seront incorporés dans la 1re portion si leurs numéros les y classent. On doit donc admettre que l'art. 46 ne s'applique qu'au cas où la famille ne comprend pas plus de deux fils.

nent chaque année la situation des hommes qui ont été laissés en congé lors des conscriptions précédentes. Mais les hommes qui, ayant cessé d'être dans la situation de soutien légal, seraient appelés sous les drapeaux, n'y seraient maintenus que pendant le temps que devraient encore y rester les hommes ayant tiré au sort en même temps qu'eux. Ils suivent donc, dans tous les cas, le sort de leur classe de recrutement, et passent dans la réserve en même temps qu'elle.

Dispense partielle à prix d'argent.

La loi de recrutement actuelle n'admet plus l'exonération complète à prix d'argent, mais elle permet (art. 118, 119 et 120) aux hommes ayant tiré des numéros qui les classent dans la première portion du contingent d'alléger notablement leurs obligations militaires, moyennant le payement d'une *taxe de remplacement* (*bedel naqdy*) de 50 livres turques (environ 1100 francs).

Les hommes qui désirent profiter de ce droit doivent en faire la déclaration au bureau de recrutement dès qu'ils sont avertis que leur numéro de tirage au sort les classe dans la première portion du contingent.

Ils ne sont alors astreints qu'à cinq mois de service qu'ils accomplissent dans le corps de troupe de l'armée active le plus voisin du lieu de leur domicile. Leurs obligations en temps de guerre restent les mêmes que celles des autres hommes de leur classe.

Engagés volontaires.

En outre des hommes provenant de la conscription, on admet dans l'armée turque des *engagés volontaires* (*gueunullu*) qui doivent posséder les qualités physiques nécessaires au service militaire, n'avoir pas subi de condamnation infamante, ne pas appartenir à la catégorie des gens sans aveu, être âgés de 18 ans au moins et n'être pas sous le coup de l'obligation militaire. Ils s'engagent à rester sous les drapeaux aussi longtemps que les hommes du contingent incorporé en même temps qu'eux, mais ils peuvent rester plus longtemps s'ils le désirent.

Les hommes appartenant à la réserve, au rédif ou au mustahfiz peuvent aussi demander leur réincorporation dans l'armée active. Ils doivent servir un temps égal à celui qui leur restait à passer dans la catégorie à laquelle ils appartenaient par leur âge.

Dispositions pénales.

Les jeunes gens qui ont cherché à se soustraire au service militaire en se cachant ou en quittant leur domicile ordinaire, reçoivent d'office les premiers numéros du tirage au sort (1) ; ils sont classés dans la première portion du contingent et incorporés sans qu'il soit tenu compte des droits qu'ils peuvent avoir à une dispense comme soutiens de famille, ni même de leur état physique, sauf dans le cas où ils seraient atteints d'infirmités contagieuses ou repoussantes, ou absolument incapables de tout service.

Ces dispositions sont également appliquées aux jeunes gens qui, dans le même but, falsifient ou échangent leurs pièces d'identité (*tezkéré* ou passeport à l'intérieur), qui présentent à leur place, à la visite médicale, un jeune homme infirme, enfin qui se mutilent volontairement. Les auteurs de ces tentatives de fraude doivent être maintenus sous les drapeaux pendant la totalité du temps de service dans l'armée active et sa réserve, c'est-à-dire pendant six ans, et la durée de leur service militaire ne compte que du moment de leur incorporation.

Les articles 66 et 67 prévoient deux cas de fraude

(1) Ces numéros sont désignés sous le nom de *zedjri numérolar*, c'est-à-dire numéros donnés par mesure coercitive.

d'un genre particulier, ce sont ceux des jeunes gens qui se marient dans le seul but de se procurer la situation de soutien de famille et qui répudient plus tard leur femme, et de ceux qui, dans le même but, contractent des mariages en quelque sorte fictifs, avec de très jeunes filles (de sept ou huit ans, dit le texte turc) ou avec des femmes âgées n'ayant plus l'espoir de devenir mères. Ces fraudes sont réprimées de la même manière que celles dont il a été question plus haut, et il est recommandé aux officiers des bataillons de rédif de rechercher si les jeunes gens qui ont contracté mariage avant l'âge de la conscription ne l'ont pas fait dans la seule intention de se procurer un cas de dispense.

Ceux qui auront facilité la fuite d'un homme appelé au service militaire ou qui se seront rendus complices d'une fraude en matière de recrutement, seront punis de trois mois de prison au maximum et d'une amende d'une livre turque (22 francs) ; la valeur de l'amende sera, s'il y a lieu, acquise au dénonciateur. En outre de ces peines, les complices de fraudes ou d'insoumission qui occuperaient un emploi public seraient passibles de révocation.

VI. — Opérations du recrutement.

Organisation du service du recrutement.

Le service du recrutement est intimement lié à l'organisation de *l'armée de réserve* (*rédif*). Ce sont, en effet, les officiers des cadres permanents de cette armée qui assurent ce service, et les circonscriptions territoriales affectées à chaque unité de rédif, jusqu'à la compagnie inclusivement, servent de base aux opérations du recrutement.

Nous avons indiqué dans un des chapitres précédents, quelles étaient les divisions et les subdivisions militaires du territoire ottoman.

Parmi ces circonscriptions, les plus importantes, au point de vue du service du recrutement, sont celles des *brigades* et des *bataillons*. L'organisation turque semble, à cet égard, avoir été sinon imitée, du moins inspirée, de l'organisation allemande. La circonscription de bataillon de rédif joue, en effet, le même rôle que le *district de landwehr* (*Landwehrbezirk*) qui, à l'origine, était aussi une circonscription de bataillon de landwehr, et les districts de landwehr sont également groupés en *districts de brigade*, placés sous l'autorité de généraux de brigade de l'armée active, puisque l'armée allemande n'a pas, comme l'armée turque, de cadres permanents de réserve. En somme, le résultat de cette comparaison est plutôt en faveur du système ottoman, qui présente l'avantage de donner plus d'unité à la marche du service du recrutement, de décharger les états-majors actifs de toute espèce d'attributions à cet égard et de ne nécessiter la création d'aucun organisme spécial, puisque les cadres permanents du rédif, peu occupés en temps ordinaire, sont tout naturellement désignés pour faire fonctionner ce service.

Dans chaque circonscription de brigade, il existe un *bureau de recrutement principal* (*akhz i 'askier qalemi*) et, dans chaque circonscription de bataillon, un *bureau de recrutement succursale (akhz i 'askier chou'bési)*. Chaque région comprend, par suite, 8 bureaux principaux et 64 bureaux succursales.

Le bureau de recrutement principal, placé sous la direction du général commandant la brigade de rédif correspondante, se compose du secrétaire de régiment de l'un des régiments de la brigade et de deux sergents-majors, dont un de rédif. Le bureau succursale comprend, sous la direction du major commandant le bataillon de rédif correspondant, le secrétaire de ce bataillon et un sergent-major de rédif. Les bureaux de recrutement de chaque région sont placés sous la haute surveillance du commandant du corps d'armée.

Recensement.

Les opérations préparatoires du recrutement comprennent : l'établissement des listes de recensement, la visite des jeunes gens portés sur ces listes, puis la détermination du contingent à incorporer et sa répartition entre les circonscriptions de recrutement.

Les tableaux de recensement sont établis, dans chaque village, par les autorités civiles. On y porte les noms des jeunes gens atteignant, dans l'année, l'âge de 20 ans et devant, par suite, être soumis l'année suivante à l'obligation du service militaire. Ces contrôles sont envoyés, vers la fin de juillet, au Ministère de la guerre, qui les répartit par régions de corps d'armée. Les états-majors des corps d'armée ayant reçu ces documents du Ministère, établissent à leur tour des tableaux de recensement distincts pour chaque circonscription de bataillon de rédif (1), et les transmettent, par l'intermédiaire des commandants de brigades, aux commandants des bataillons, auxquels ils doivent parvenir 15 jours avant la Saint-Démétrius (*rouz i qasem*) (2).

Après la réception des tableaux de recensement, les commandants de bataillons de rédif, accompagnés cha-

---

(1) Ces tableaux sont appelés *mevdjoud defteri*, c'est-à-dire « registre des présents ».

(2) La *Saint-Démétrius* (26 octobre v. s.) et la *Saint-Georges* (23 avril v. s.), considérées respectivement comme le commencement de l'automne et du printemps, et appelées par les Turcs *rouz i qasem* et *rouz i hazer*, sont des dates particulièrement importantes dans l'Europe orientale; c'est notamment de ces époques que partent traditionnellement la plupart des contrats pour la location des immeubles, l'engagement des serviteurs, etc. C'étaient autrefois les époques de la rentrée et du départ des flottes ottomanes.

cun de l'adjudant-major et du secrétaire du bataillon, commencent, dans toutes les localités de leur circonscription, une tournée au cours de laquelle ils se font présenter les jeunes gens inscrits, convoqués à l'avance par les soins des autorités civiles, les examinent, reçoivent leurs demandes ou celles de leurs familles et prennent note de tous les renseignements nécessaires pour établir la situation des intéressés au point de vue du recrutement. Le capitaine de chaque compagnie de rédif et l'un des officiers sous ses ordres, accompagnent le commandant du bataillon dans les localités composant la circonscription de la compagnie. Ils ont dû, au préalable, se renseigner aussi complètement que possible sur tous les habitants susceptibles d'être appelés au service militaire. L'ensemble des officiers dont il vient d'être question, tant de l'état-major du bataillon que des compagnies, constitue la *commission d'inspection* (*mouayéné komissionou*) de la circonscription.

Les renseignements recueillis par la commission d'inspection sont inscrits sur le *mevdjoud defteri* que signent tous les officiers présents. La minute de ce registre est gardée au bureau de recrutement du bataillon et deux copies en sont envoyées, l'une au bureau de recrutement de la brigade, l'autre à l'état-major du corps d'armée.

Pendant le même temps, les états-majors des corps d'armée établissent, d'après les rapports envoyés par les corps de troupe, l'état des recrues nécessaires pour compléter l'effectif des différentes unités, après le passage dans la réserve des soldats de la classe la plus ancienne. Les chiffres réels sont majorés de 10 pour 100 afin de tenir compte des imprévus. Ensuite, les états-majors répartissent le contingent ainsi déterminé entre les *kazas* compris dans la région.

Ils établissent à cet effet deux séries d'états : la première, indiquant la répartition du contingent à fournir entre les kazas de la région (*taqsim defteri*. — *état de répartition*), la seconde, indiquant le nombre de recrues que chaque kaza doit fournir aux différents corps de troupes se recrutant dans la région (*takhsys defteri*. — *état d'affectation*). Une copie de ces états est envoyée au Ministère de la guerre, qui établit une situation générale montrant, d'une part, le nombre d'hommes à incorporer, et, de l'autre, le nombre des jeunes gens atteignant l'âge du service militaire. Cette situation générale, accompagnée des états envoyés par les corps d'armée, est communiquée par le Ministre de la guerre au Conseil des Ministres qui, après en avoir délibéré, soumet sa décision à la sanction impériale. Un décret impérial (*iradé*) autorise alors le recrutement, d'après les propositions du Conseil des Ministres. Sur la base de ce décret, les ordres relatifs aux opérations du recrutement sont envoyés par le Ministre de la guerre aux commandants des corps d'armée, tandis que le Ministre de l'Intérieur avise les autorités civiles qui doivent prêter leur concours à ces opérations.

Revision et tirage au sort.

Au reçu des ordres ministériels, les états-majors des corps d'armée adressent, par l'intermédiaire des commandants des brigades de rédif, aux commandants des bataillons, les états de répartition et d'affectation (*taqsim defterleri* et *takhsys defterleri*) indiquant le nombre d'hommes à incorporer dans chaque *kaza*, et les corps de troupe auxquels ils doivent être affectés.

Les bureaux de recrutement adressent à leur tour, par l'intermédiaire des autorités civiles, à tous les chefs de village (*moukhtar*) de la circonscription les noms des jeunes gens de leur localité figurant sur la liste de recensement. Ces jeunes gens sont prévenus d'avoir à se présenter le cinquième jour après le *Rouz i hazer*

(Saint-Georges), c'est-à-dire le 28 avril (vieux style), au siège des séances du conseil de recrutement, ou, s'il y a lieu, de s'y faire représenter par un de leurs parents.

Les opérations de la revision et du tirage au sort ont lieu en une seule fois pour chaque circonscription de bataillon.

Le *conseil de recrutement* (*akhz i asker medjlisi*), qui remplit le rôle de notre conseil de revision, se compose des officiers ou assimilés du bureau de recrutement succursale (*akhz i asker chou'bési*) de la circonscription et des fonctionnaires de l'ordre administratif, judiciaire et religieux du kaza sur le territoire duquel se trouve le siège du conseil. Le fonctionnaire civil du rang le plus élevé préside le conseil. Un médecin militaire, ou à défaut un médecin civil, assiste aux séances, mais sans voix délibérative.

Le conseil constate l'aptitude physique des jeunes gens présents et examine les cas de dispense qu'ils peuvent avoir à faire valoir; les jeunes gens qui seraient absents sans cause légitime ou qui, ayant un motif régulier d'absence, ne se seraient pas fait représenter, sont déchus des droits qu'ils pourraient avoir à une dispense.

Les résultats de la visite sont portés sur le registre statistique de la population (*nufous defteri*), que l'employé de ce service (*nufous mémouri*) de chaque kasa a dû apporter avec lui à la séance du conseil de recrutement.

Les hommes n'ayant aucun motif d'exemption constituent, comme on le sait, la *première catégorie* (*birindji qysm*); leurs noms sont marqués, sur le registre de recensement, de la lettre turque *qaf*, soit parce que cette lettre est l'initiale du mot *qour'a* (*tirage au sort*), soit parce qu'elle est l'abréviation du mot *qalan* (*restant*), et désigne ceux qui restent, après la déduction des dispensés. De là vient le nom de *qafly*, sous lequel on désigne parfois les hommes de la 1re catégorie.

Le tirage au sort s'effectue ensuite d'une manière

assez compliquée, au milieu de minutieuses précautions. Il a lieu séparément pour les hommes de la 1re catégorie, puis pour ceux de la 2e catégorie. Pour chaque opération, on prépare, séance tenante, deux séries de billets sur lesquels on inscrit, dans une des séries, les noms des hommes prenant part au tirage, et, dans l'autre, des numéros consécutifs, jusqu'à concurrence du nombre des participants.

Ces billets sont renfermés dans des étuis et mis dans deux sacs ; le mufti prend le sac contenant les noms, en tire successivement les billets et les remet à un autre membre du conseil, qui les ouvre et lit à haute voix le nom inscrit sur chacun. L'homme dont le nom est appelé s'avance aussitôt, les manches relevées jusqu'au coude, la main droite ouverte, les doigts écartés, et plonge cette main dans le sac des numéros que tient l'un quelconque des membres du conseil. Le numéro amené est inscrit en regard du nom sur le registre de recensement (*mevd-joud defteri*).

Le tirage au sort des hommes de la 1re catégorie étant terminé, on procède de la même manière pour la 2e catégorie.

Comme dans les autres pays, le tirage au sort est définitif et ne peut être recommencé sous aucun prétexte.

Aussitôt après le tirage au sort, le président du conseil de recrutement fait connaître le nombre des hommes de la circonscription à incorporer dans l'armée active ; ces hommes forment la 1re *portion* (*tertib i evvel*) du contingent. Pour la constituer, on prend d'abord les hommes qui ont cherché à se soustraire au recrutement, puis les hommes de la 1re catégorie, d'après l'ordre de leurs numéros de tirage, jusqu'à concurrence du nombre nécessaire. Tous les hommes de la 1re catégorie restant en plus de ce nombre forment la 2e *portion du contingent* (*tertib i sani*), appelée seulement à un service de 5 à 9 mois.

Si, au moment de la mise en route des recrues, le contingent d'une circonscription de bataillon se trouvait inférieur au chiffre prévu, on le compléterait en faisant passer dans la 1re portion les hommes de la 2e possédant les plus bas numéros.

A l'époque fixée pour l'incorporation, les recrues doivent se rassembler au siège du bataillon de rédif et sont dirigées sur leurs corps d'affectation par les soins du commandant de ce bataillon.

D'après la loi, la mise en route des recrues devrait avoir lieu 20 jours après le tirage au sort, c'est-à-dire dans le courant de mai, d'après le calendrier grec.

Dans la pratique, il n'en est pas ainsi, et les incorporations ont lieu habituellement dans les mois de septembre ou d'octobre.

Application du recrutement régional.

Le recrutement régional est appliqué à toute l'armée active, à l'exception des troupes occupant les provinces dans lesquelles la loi de recrutement n'a pas encore été mise en vigueur.

Les unités de toutes armes constituant chaque corps d'armée tirent leurs recrues de l'ensemble du territoire de ce corps. Les troupes du 7e corps et de la division du Hedjaz (Arabie) se recrutent dans les 4e et 5e régions ; celles des divisions de Crète et de Tripoli, dans les 1re, 2e et 5e régions.

Les régiments dépendant de la Grande Maîtrise de l'Artillerie et n'entrant pas, par suite, dans la composition des corps d'armée, se recrutent dans les 1re et 2e régions.

Résultats du recrutement.

L'obligation du recrutement ne porte, dans la pratique, que sur 13 millions d'habitants environ, car, des

15 à 16 millions de musulmans vivant dans la Turquie d'Europe et la Turquie d'Asie (non compris l'Arabie), il faut retrancher les populations exemptées par la loi ou la coutume, habitants de Constantinople, des îles, de l'Albanie septentrionale, tribus kurdes et arabes.

Aussi, le nombre des sujets ottomans appelés chaque année à satisfaire à la loi militaire n'est-il que d'environ 120,000. Sur ce nombre, 25,000 échappent complètement au recrutement comme physiquement incapables, disparus, etc.; 30,000, à peu près, sont dispensés comme soutiens de famille, tandis que 40,000 à 45,000 sont incorporés, pour la période entière de service, comme constituant la 1re portion du contingent, et 20,000 à 25,000 sont classés dans la 2e portion (1).

La durée du séjour sous les drapeaux des hommes de la 1re portion qui, en théorie, est de trois ans, n'est pas absolument fixe; dans la pratique, elle a presque toujours été, jusqu'à présent, de trois ans et demi ou quatre ans.

Les convocations des hommes de la 2e portion ne sont pas non plus très régulières; il est arrivé que plusieurs années se sont passées sans qu'elles aient lieu, tandis que, d'autres fois, les hommes ont été maintenus sous les drapeaux au delà du terme légal de neuf mois.

En tenant compte de la portion fixe des cadres de l'armée (officiers et employés militaires, sous-officiers et soldats rengagés), l'effectif total de l'armée de terre a été, en moyenne, pendant ces dernières années, de 200,000 hommes.

Les forces disponibles en cas de guerre peuvent se calculer approximativement de la manière suivante :

A) *Armée active* (*nizam*) et sa *réserve* (*ihtyat*). — Ces

---

(1) Ce dernier nombre est très variable; il descend parfois au-dessous de 10,000.

deux catégories, appelées à constituer l'armée de première ligne, possèdent un total d'environ 530,000 hommes, se décomposant comme il suit :

1° Portion fixe de l'armée, environ.............	25,000 hommes.
2° 6 contingents de 40,000 hommes complètement instruits (1re portion), soit en tenant compte des déchets annuels........................	225,000 —
3° 6 contingents de 20,000 à 25,000 hommes incomplètement instruits (2e portion)...............	130,000 —
TOTAL des hommes immédiatement disponibles.	380,000 hommes.
4° Hommes de la 2e catégorie n'ayant qu'une instruction militaire très restreinte, mais susceptibles d'être employés dans les services auxiliaires ou d'alimenter les dépôts, environ.................	150,000 hommes.

B) *Armée de réserve* (*Rédif*).

L'armée de réserve dispose de 8 contingents : on peut évaluer en moyenne à 75,000 le nombre des hommes aptes au service militaire dans chacun de ces contingents, ce qui donnerait un total de 600,000 hommes (572,467 en 1887 d'après les données officielles); mais sur ce nombre 280,000 seulement, c'est-à-dire ceux qui ont accompli le temps de service normal sous les drapeaux, ont une instruction militaire complète et certaine. On ne peut pas encore tenir compte, pour cette partie de l'armée, de l'instruction reçue par les hommes de la 2e portion du contingent, car la mise en vigueur des dispositions qui les concernent est encore trop récente.

C) *Milice* (*Mustahfiz*).

Cette dernière partie des forces militaires se compose de 6 classes ; si l'on admet que chacune d'elles comprend en moyenne 60,000 hommes, on arrive au total de 360,000 miliciens (355,400 en 1887 d'après les données officielles); mais on ne peut compter que sur 30,000 hommes in-

7

struits par contingent, c'est-à-dire sur 180,000 pour l'ensemble de la milice.

Le tableau suivant résume ces différentes données :

	NOMBRE D'HOMMES			
	TOTAL.	complètement instruits.	incomplètement instruits.	peu ou pas instruits.
Armée active et sa réserve.	530,000	250,000	130,000	150,000
Armée de réserve	600,000	280,000	»	320,000
Milice..................	360,000	180,000	»	180,000
TOTAL.....	1,490,000	710,000	130,000	650,000

VII. — COMPOSITION DE L'ARMÉE ACTIVE.

L'armée turque sur le pied de paix comprend, si l'on fait abstraction de certains corps de cavalerie dont nous nous occuperons plus loin, les troupes de l'armée active ou *armée régulière* (*'asakir i nizamié*) et les cadres permanents de l'*armée de réserve* (*'asakir i redifé*).

La constitution de l'armée, sur le pied de paix comme sur le pied de guerre, a pour base la composition des corps d'armée. Elle présente une assez grande symétrie qui s'étend même à l'ordre des numéros des régiments.

Chaque corps d'armée (*kol-ordou*) possède normalement la composition suivante :

1° Deux *divisions d'infanterie* (*piadé fyrqasy*) comprenant chacune 1 bataillon de chasseurs et 4 régiments d'infanterie formant 2 brigades (*liva*) ;

2° Une *division de cavalerie* (*souvari fyrqasy*) à 3 brigades de 2 régiments chacune ;

3° Une *division d'artillerie* (*thopdjy fyrqasy*) comprenant un groupe de batteries à cheval et 3 brigades de 2 régiments chacune ;

4° Un bataillon du génie et une compagnie de télégraphistes ;

5° Un bataillon du train.

La composition qui vient d'être indiquée se retrouve, en ce qui concerne l'infanterie, dans tous les corps d'armée, en remarquant toutefois que le 1er corps (Garde) et le 3e (Monastir) possèdent quelques unités spéciales en dehors de leurs deux divisions. Quant aux autres armes, la formation normale n'est observée que dans les 6 premiers corps pour la cavalerie et le train, dans les 5 premiers pour l'artillerie, dans les 4 premiers seulement pour le génie.

En dehors des sept corps d'armée on a constitué, pour l'occupation de la *Tripolitaine*, de l'île de *Crète* et du *Hedjaz*, 3 divisions spéciales composées de troupes de différentes armes.

Infanterie.

L'*infanterie* (*piadé*) comprend :

1° 15 *bataillons de chasseurs* (*nichandjy thabourou*) ;

2° 66 régiments d'*infanterie* proprement dite (*piadé alayi*) à 4 bataillons (1) ;

3° 2 régiments de *zouaves* (*zouhaf alayi*) à 2 bataillons ;

4° 2 bataillons indépendants, dont l'un, dit *des frontières du Monténégro* (*Karadagh houdoud thabourou*), appartient au 3e corps, tandis que l'autre, appelé bataillon de *volontaires réguliers* (*nizamié isterli thabourou*), et organisé comme infanterie montée est rattaché, depuis l'année dernière, à la division du Hedjaz. Auparavant il appartenait comme le précédent au 3e corps d'armée.

---

(1) Par exception, trois régiments : les 5e (1er corps), 55e et 56e (7e corps), ne comptent que 3 bataillons.

On rattache en outre à l'infanterie le corps des *pompiers* de Constantinople, qui constitue un régiment à 4 bataillons (*ithfaïyé alayi*).

En mettant à part ce dernier corps, dont le service est tout à fait spécial, l'infanterie turque se compose en résumé de :

63 régiments	à 4 bataillons,	soit..........	252	bataillons.
3 —	à 3 —	soit..........	9	—
2 —	à 2 —	soit..........	4	—
17 bataillons indépendants		....	17	—
		AU TOTAL.....	282	bataillons.

Les *bataillons de chasseurs* sont tous à 4 compagnies(1). L'état-major du bataillon comprend un major commandant, un adjudant-major, un médecin (dont le grade varie de capitaine à lieutenant-colonel), un lieutenant ou sous-lieutenant (exceptionnellement un capitaine) officier d'habillement (*esvab émini*), un secrétaire de bataillon, un aumônier de bataillon (*thabour imamy*) et un armurier (*tufenkdji*).

Le cadre d'une compagnie comporte 5 officiers : 1 capitaine, 1 lieutenant et 3 sous-lieutenants.

Un iradé, du mois d'août 1892, a décidé que ces cadres seraient ramenés au type des compagnies d'infanterie de ligne, lesquelles n'ont que 2 sous-lieutenants.

La compagnie de chasseurs se divise en 4 pelotons (*taqym*), comprenant chacun 3 escouades sur le pied de paix et 4 sur le pied de guerre.

Les 14 premiers bataillons de chasseurs sont affectés chacun à la division d'infanterie dont ils portent le numéro. Le 15e appartient à la division de Tripoli.

(1) Le mot *nichandjy*, qui désigne en turc les chasseurs à pied, dérive de *nichan*, cible ; il est ainsi tout à fait analogue à l'italien *bersagliere*.

Les *régiments d'infanterie de ligne* sont formés, sauf les exceptions indiquées plus haut, à 4 bataillons de 4 compagnies. L'état-major du régiment comprend comme officiers : le colonel commandant, un lieutenant-colonel, un capitaine d'habillement, un lieutenant ou sous-lieutenant porte-drapeau (*sandjaktar*) ; comme fonctionnaires ou employés militaires, un intendant de régiment (*alaï emini*) remplissant les fonctions de notre *major*, un secrétaire de régiment et un aumônier de régiment (*alaï muftisi*).

Chaque bataillon possède : un major commandant, un adjudant-major, un médecin (major, adjudant-major ou capitaine), un pharmacien, un aide-médecin qualifié de « chirurgien » (*djerrah*), un secrétaire et un imam de bataillon, un armurier.

Les cadres d'une compagnie comprennent réglementairement 4 officiers : un capitaine, un lieutenant et deux sous-lieutenants. Mais, dans la plupart des régiments, le nombre des sous-lieutenants est inférieur au chiffre normal (il varie ordinairement de 22 à 28); il est vrai que, par contre, il arrive assez souvent que des compagnies possèdent 2 capitaines.

La compagnie se divise en 4 pelotons (*taqym*) et 8 escouades sur le pied de paix. Sur le pied de guerre le nombre des escouades est de 12.

Les 56 premiers régiments d'infanterie sont très régulièrement numérotés d'après leur place dans les divisions et les corps d'armée; ainsi, les 4 premiers appartiennent à la 1re division, les 4 suivants à la 2e, etc., jusqu'à la 14e division (7e corps) formée des régiments numérotés de 53 à 56. Pendant longtemps les régiments avaient été seulement numérotés par corps d'armée, et lorsqu'on se décida à établir un numérotage général, on suivit naturellement l'ordre de bataille, qui n'a pas été changé depuis lors.

Les régiments de la division de Tripoli sont numérotés

de 57 à 60 ; ceux de la Crète, 61 et 62 ; ceux du Hedjaz, de 64 à 66.

Le régiment n° 63 compte au 3e corps (1).

Les deux régiments de *zouaves* sont chargés spécialement du service du palais impérial et constituent une sorte de garde particulière du Sultan. Ils avaient, autrefois, un recrutement tout spécial, d'où leurs noms de *régiment nègre* et *régiment albanais*. On les désigne actuellement, d'après la coiffure portée par leurs soldats, sous les noms de régiment de *zouaves à turban* (*saryqly zouhaf alayi*) et régiment de *zouaves à fez* (*fesli zouhaf alayi*).

Chacun de ces régiments est formé à 2 bataillons de 4 compagnies dont les cadres sont semblables à ceux des unités correspondantes de l'infanterie de ligne.

Le bataillon des *frontières du Monténegro* est chargé de concourir au maintien de l'ordre et à la répression du brigandage en Macédoine et dans l'Albanie septentrionale. Il est formé à 4 compagnies et compte dans son état-major : 1 lieutenant-colonel commandant, 1 adjudant-major, 1 médecin, 1 secrétaire de bataillon, 1 secrétaire adjoint, 1 imam, 1 armurier. La compagnie compte 4 officiers : 1 capitaine, 1 lieutenant et 2 sous-lieutenants.

Le bataillon de volontaires montés (division du Hedjaz) est formé à 6 compagnies. L'état-major du bataillon et les cadres des compagnies ont la même composition que dans le corps précédent.

---

(1) Ces régiments n'ont reçu les numéros qu'ils ont actuellement qu'en 1892. Avant cette époque, ils prenaient la suite des régiments de rédif et étaient numérotés : ceux de Crète : 153 et 154 ; ceux de Tripoli : 155, 156, 157 et 158 ; et le régiment supplémentaire du 3e corps, 159.

Le régiment des *pompiers* de Constantinople a reçu, depuis quelques années, un développement que justifient l'étendue de la capitale et la fréquence des incendies. Il a pour chef un officier d'origine hongroise, Szechenyi-Pacha, qui possède le grade de général de division. L'état-major du régiment comprend, en outre, 2 colonels, 1 lieutenant-colonel, 1 capitaine d'habillement, 1 porte-drapeau (lieutenant), 1 intendant de régiment, 1 secrétaire de régiment, 1 imam de régiment, 2 vétérinaires (major et adjudant-major).

Les bataillons sont actuellement au nombre de 4, dont un chargé du service sur la côte d'Asie (Scutari). L'état-major de chacun d'eux comporte un major, un adjudant-major, un capitaine ingénieur, un médecin, un pharmacien, un aide-médecin, un armurier et plusieurs ouvriers d'art chargés de l'entretien du matériel d'incendie.

Ce corps est, paraît-il, bien organisé et convenablement instruit.

L'*effectif* des troupes d'infanterie, sur le pied de paix, est assez variable suivant les régions. En Europe, les unités sont généralement renforcées et les bataillons comportent jusqu'à 550 hommes, tandis que, dans d'autres parties de l'Empire, cet effectif descend au-dessous de 300 hommes. Les effectifs réglementaires sont de 800 hommes pour les bataillons stationnés en Europe, dans les 2e et 3e corps ; de 500 hommes pour la garnison de Constantinople et des environs, et de 400 hommes en Asie.

En ce qui concerne les officiers, les emplois correspondant aux grades de major, adjudant-major, capitaine et lieutenant, sont presque toujours occupés, parfois même, par des officiers d'un grade supérieur. D'assez nombreuses vacances existent, au contraire, aux deux extrémités de la hiérarchie, dans les emplois de colonels et de lieutenants-colonels et dans ceux de sous-lieutenants.

Cavalerie.

La cavalerie turque ne compte pas de subdivisions d'arme. Elle se compose de 39 régiments à 5 escadrons, organisés d'une façon uniforme, et d'un demi-régiment de deux escadrons, soit, en tout, 197 escadrons.

Un régiment de *cavaliers de remonte*, à 5 escadrons également, est attaché au haras de Tchiftéler.

La cavalerie de l'armée active est, proportionnellement, beaucoup plus nombreuse en Turquie que dans les autres États ; chaque corps d'armée doit posséder, en effet, une division de cavalerie formée de 3 brigades de 2 régiments. Actuellement, cependant, cette organisation n'est en vigueur que dans les 6 premiers corps.

Le premier régiment, qui constitue une sorte de garde du corps, s'appelle régiment *Erthogroul*, en souvenir de l'un des fondateurs de la puissance ottomane. Il n'est pas compris dans la série des numéros ni dans la constitution des brigades ; il est rattaché à la 1re division de cavalerie (corps de la Garde).

Les régiments suivants, numérotés de 1 à 36, sont répartis régulièrement, suivant l'ordre de leurs numéros, entre les 6 divisions et les 18 brigades. Les deux derniers régiments, nos 37 et 38, forment une brigade rattachée à la division de Tripoli. Le demi-régiment à 2 escadrons est rattaché actuellement à la division du Hedjaz. (Il faisait précédemment partie du 7e corps).

Par analogie avec ce qui est prévu pour l'artillerie (voir plus loin), on peut supposer que deux des brigades de chaque division de cavalerie, seraient, en cas de mobilisation, affectées aux deux corps d'armée de réserve mobilisés par la région d'armée à laquelle appartient cette division, l'armée de réserve ne possédant que des troupes d'infanterie.

L'état-major d'un régiment de cavalerie (*souvari alayi*)

comprend : 1 colonel commandant, 1 lieutenant-colonel, 2 majors, 1 adjudant-major qui remplit principalement les fonctions d'adjoint au chef de corps, 1 capitaine d'habillement (remplacé, dans certains régiments, par un employé civil), 1 sous-lieutenant porte-drapeau, 2 médecins et 2 vétérinaires (du grade de capitaine, adjudant-major ou major), 1 ou 2 aides-médecins, 1 ou 2 pharmaciens, 1 intendant de régiment, 1 secrétaire de régiment, 1 secrétaire en second (*kiatib i sani*), 2 imams. Au petit état-major appartiennent divers maîtres-ouvriers : armuriers, maréchal ferrant (*nalbend*), sellier (*saradj*), arçonnier (*qaltaqdjy*).

L'*escadron*, qui, en turc, s'appelle *beuluk*, comme la compagnie d'infanterie, possède six officiers : 1 capitaine commandant, 1 capitaine en second (*yuzbachi vékili*) 2 lieutenants et 2 sous-lieutenants.

L'effectif réglementaire de l'escadron comporte 112 cavaliers sur le pied de paix (124 ou 130 sur le pied de guerre), mais il reste généralement au-dessous de ce chiffre et varie de 50 à 100 hommes ; le nombre des chevaux est ordinairement compris entre 50 et 80.

Les 5es escadrons de chaque régiment sont considérés comme escadrons de dépôt, et, à la mobilisation, pourraient devenir le noyau de formations nouvelles.

Remontes.

L'état actuel de l'élevage en Turquie ne permet pas à ce pays de pourvoir par ses propres ressources à la remonte de son armée. Une grande partie des chevaux nécessaires sont achetés à l'étranger, principalement en Hongrie, et, parfois aussi, en Russie.

Il existe cependant un haras de l'État, organisé sur un grand pied, dans le domaine de *Tchiftéler*, situé en Asie Mineure, près des sources du Sakaria, à 350 kilomètres à l'est de Kutahié. Le haras et ses dépendances occupent une superficie de 252,000 hectares, dont un cinquième environ est mis en culture. On y entretient 600 juments (hongroises et russes) et une trentaine d'étalons (hongrois, allemands et français). Pendant les dernières années, cet établissement a pu livrer en moyenne 300 chevaux à l'armée. Le domaine de Tchiftéler est, en même temps, organisé comme établissement modèle de culture.

Au haras de Tchiftéler est attaché le régiment des *remontes*, dont la composition est semblable à celle des autres régiments de cavalerie. Le commandant de ce régiment exerce la direction du haras, sous l'autorité d'un directeur général qui réside à Constantinople. Le personnel du haras comprend, en outre, plusieurs vétérinaires et divers chefs-ouvriers pour la direction des travaux de la ferme et l'entretien des machines agricoles.

Il est question, depuis plusieurs années, de créer d'autres haras dans différentes parties de l'Asie et dans le voisinage de Constantinople.

Artillerie.

L'organisation actuelle de l'artillerie turque ne date encore que de quatre ans. Elle a été prescrite, en effet, par un iradé du 20 octobre 1890.

Cette organisation, qui n'a été appliquée jusqu'à présent qu'aux cinq premiers corps d'armée, a pour but de constituer, dès le temps de paix, en unités séparées, les troupes d'artillerie qui seraient, à la mobilisation, affectées au corps d'armée de première ligne et aux deux corps de réserve mobilisés dans chacune des cinq premières régions.

A cet effet, il a été constitué, dans chacune de ces régions, une *division* d'artillerie de campagne, composée de 3 brigades à 2 régiments chacune.

La première brigade comprend, en outre, un *groupe indépendant d'artillerie à cheval* (*souvari thopdjy thabourou*).

Le régiment d'artillerie (*thopdjy alayi*) est composé de 2 groupes de 3 batteries.

La terminologie turque applique à ces unités les mêmes noms qu'à celles de l'infanterie : *thabour* (bataillon), pour le groupe, et *beuluk* (compagnie), pour la batterie.

Les régiments des deux premières brigades (1) de chaque division ne contiennent que des batteries montées (*siar thopdjy beuluyu*), tandis que, dans la 3e brigade, le 2e groupe de chaque régiment est composé de batteries de *montagne* (*dagh-* ou *djébel-thopdjy-beuluyu*) (2).

A la mobilisation, chaque régiment serait attaché à une division d'infanterie ; les commandants de brigades deviendraient commandants de l'artillerie des corps d'armée mobilisés (actifs ou de réserve) et les commandants de division seraient commandants d'artillerie d'armée.

Le 6e corps ne possède qu'un seul régiment d'artillerie beaucoup plus fort, il est vrai, que ceux des autres corps. Il se compose, en effet, de cinq groupes : le premier est formé de 3 batteries à cheval ; les trois suivants

(1) D'après l'*Annuaire militaire* pour l'année financière 1309 (1893-1894), le 1er groupe d'artillerie à cheval et la 1re brigade d'artillerie de campagne (1er et 2e régiments) sont rattachés à la Grande Maîtrise de l'Artillerie. Le 1er régiment est appelé *régiment modèle d'artillerie* (*Thopdjy namouné alayı*).

(2) Il est question de créer 12 nouvelles batteries, armées d'obusiers de 12cm. Ces batteries seraient sans doute groupées en 2 régiments attachés au 2e et au 3e corps. Le matériel nécessaire (72 obusiers) a été commandé à l'usine Krupp, et doit être livré prochainement, s'il ne l'est déjà.

de 4 batteries montées, et le cinquième de 2 batteries de montagne, soit, en tout, 17 batteries, dont 12 montées. La région correspondante n'était appelée jusqu'à l'année dernière à mobiliser, en outre du corps actif, qu'un seul corps de réserve, ce qui expliquait, jusqu'à un certain point, l'infériorité numérique de son artillerie.

Le 7e corps (Yémen) ne possède aussi qu'un seul régiment, composé de deux groupes, l'un de 3 batteries montées, l'autre de 4 batteries de montagne.

Enfin, quelques batteries sont attachées à chacune des divisions d'occupation, savoir : à la *division de Tripoli*, un régiment comprenant 4 batteries montées et 2 batteries de montagne, réparties en deux groupes de composition identique ;

En *Crète*, un bataillon d'artillerie de montagne à 4 batteries ;

A la division du *Hedjaz*, un bataillon d'artillerie de montagne à 2 batteries.

En résumé, la composition de l'artillerie de campagne et de montagne est la suivante :

	NOMBRE DE BATTERIES.			
	à cheval.	montées.	de montagne.	TOTAL.
1° 5 groupes d'artillerie à cheval...	15	»	»	15
2° 30 régiments pour les 5 premiers corps	»	150	30	180
3° Régiment du 6e corps..........	3	12	2	17
4° Régiment du 7e corps..........	»	3	4	7
5° Artillerie des divisions d'occupation........................	»	4	8	12
TOTAL.....	18	169	44	231

Les régiments d'artillerie des cinq premiers corps ont

une composition extrêmement régulière; leurs cadres d'officiers sont presque partout au complet.

Ces cadres comprennent :

1° Pour l'*état-major du régiment :* 1 commandant de régiment (colonel au 1er régiment de chaque brigade, lieutenant-colonel au 2e), 1 lieutenant adjoint au chef de corps, 1 lieutenant porte-drapeau et officier d'habillement et 1 intendant de régiment (au 1er régiment de chaque brigade seulement). Le 1er régiment de chaque brigade possède aussi un maître sellier (*sarradj-bachy*) et un maître maréchal ferrant (*nalbend-bachy*);

2° Pour l'*état-major d'un groupe de batteries:* 1 major commandant, 1 adjudant-major, 1 secrétaire de régiment ou de bataillon, 1 aumônier de bataillon;

3° Pour la *batterie :* 1 capitaine, 1 lieutenant et 2 sous-lieutenants.

Trois ouvriers, ayant le grade de caporal ou de sergent, sont attachés à chaque batterie pour l'entretien du matériel.

Les cadres des groupes indépendants d'artillerie à cheval sont semblables à ceux des groupes enrégimentés.

L'état-major de l'artillerie du 6e corps comprend : 1 général de brigade, commandant l'artillerie du corps d'armée; 1 colonel, commandant le régiment; 1 lieutenant-colonel; 3 lieutenants (1 officier d'ordonnance du général de brigade, 1 adjoint au colonel, 1 porte-drapeau et officier d'habillement); 1 intendant de régiment et 1 secrétaire de régiment.

L'état-major du régiment du 7e corps se compose de : 1 colonel; 1 lieutenant-colonel; 1 lieutenant adjoint au chef de corps; 1 lieutenant porte-drapeau et officier d'habillement; 1 intendant de régiment. L'état-major du régiment de Tripoli comporte seulement : 1 lieutenant-colonel et 2 lieutenants (adjoint au commandant et porte-

drapeau) ; la composition en officiers des groupes et des batteries de ces régiments, ainsi que des bataillons ou groupes de montagne de Crète et du Hedjaz est la même que dans les régiments des cinq premiers corps.

Toutes les batteries de campagne turques sont armées de canons du système Krupp, à raison de six pièces par batterie.

Les batteries montées ont des pièces du calibre de $8^{cm},7$; les batteries à cheval, de $7^{cm},5$, et les batteries de montagne, de $6^{cm},5$.

La batterie de campagne sur le pied de guerre doit posséder, en outre de ses pièces, 1 forge, 12 caissons et 2 fourgons.

Les régiments des cinq premiers corps sont numérotés de 1 à 30 en suivant régulièrement l'ordre des brigades. Les autres unités ne portent pas de numéros et sont simplement désignées par le nom du corps d'armée ou de la division à laquelle elles appartiennent ; par exemple, groupe d'artillerie à cheval du 2e corps, régiment d'artillerie du 7e corps, régiment d'artillerie de Tripoli, bataillon d'artillerie de montagne de Crète, etc.

Artillerie de forteresse.

Quoique les troupes d'artillerie de forteresse dépendent, en principe, de la Grande Maîtrise de l'Artillerie, quelques bataillons de cette arme ont été rattachés aux corps d'armée et placés, par suite, sous l'autorité du Ministère de la guerre.

Ces bataillons sont groupés de la manière suivante :

1° Sur le territoire du corps de la Garde : la division d'artillerie des fortifications de *Tchataldja* (*Tchataldja istihkiamaty thopdjy fyrqasy*), composée de 2 régiments ou brigades à 4 bataillons de 3 compagnies ;

2° Sur le territoire du 3ᵉ corps (Macédoine et Albanie), un régiment de 4 bataillons à 4 compagnies occupant Scutari d'Albanie, Durazzo, Preveza et Salonique ;

3° Sur le territoire du 4ᵉ corps, un régiment à 5 bataillons, dont 4 à Erzeroum et le 5ᵉ à Trébizonde et dans quelques autres places ;

4° Un bataillon isolé à Saint-Jean-d'Acre (5ᵉ corps).

Le bataillon d'artillerie de forteresse se compose de 300 à 400 hommes sur le pied de paix (1000 sur le pied de guerre). Son état-major comprend un major, un adjudant-major, un secrétaire de bataillon, un imam. Les cadres d'une compagnie sont formés normalement de 4 officiers : 1 capitaine, 1 lieutenant et 2 sous-lieutenants.

Les régiments de la division de Tchataldja possèdent des états-majors assez nombreux comprenant chacun un général de brigade, un colonel, un lieutenant-colonel, un intendant et un secrétaire de régiment, plusieurs médecins et chirurgiens et quelques chefs ouvriers (armuriers, ouvriers en fer et en bois).

Nous devons faire observer que les troupes d'artillerie de forteresse des 3ᵉ, 4ᵉ et 5ᵉ corps, bien que mentionnées dans plusieurs documents récents, et notamment dans les études déjà citées du lieutenant-colonel serbe Néchitch, ne figurent pas sur les Annuaires militaires pour 1308 et 1309 (1892-93 et 1893-94), qui ne mentionnent que la division de Tchataldja.

Il est question, paraît-il, d'adopter un groupement différent des troupes d'artillerie de forteresse et de les répartir en 14 régiments. D'après ce projet, sur lequel nous reviendrons en parlant de la Grande Maîtrise de l'Artillerie, les bataillons dépendant actuellement du Ministère de la guerre formeraient les régiments nᵒˢ 7 et 8 (Tchataldja), 11 (Macédoine et Albanie), et 12 (Erzeroum).

Génie.

Les troupes du génie de l'armée turque sont partagées en deux catégories distinctes, les troupes de campagne, faisant partie intégrante des corps d'armée et dépendant, par suite, du Séraskiérat, et les troupes de forteresse relevant de la Grande Maîtrise de l'Artillerie.

Les premières, les seules dont nous nous occuperons dans ce chapitre, ne sont encore organisées que d'une façon très incomplète. La dotation de chaque corps d'armée en troupes techniques, paraît comporter en principe *un bataillon du génie* (*istihkiam thabourou*) (1) à 4 compagnies et une *compagnie de télégraphistes* (*télégraf beuluyu*), mais cette organisation n'a été appliquée jusqu'à présent, d'une façon complète, qu'aux quatre premiers corps d'armée ; les trois derniers ne possèdent chacun, comme troupes techniques, qu'une compagnie du génie.

Les troupes du génie de campagne comprennent donc en tout :

4 bataillons du génie à 4 compagnies, soit 16 compagnies ;

3 compagnies indépendantes de sapeurs ;

4 compagnies de télégraphistes ;

En tout 23 compagnies.

Sur les 4 compagnies d'un bataillon du génie, les 2 premières sont des compagnies de *sapeurs*, la 3e est une compagnie de *pontonniers* et la 4e, de *mineurs*.

Les différentes unités du génie ne sont pas numérotées ; elles s'appellent simplement bataillon ou compagnie du génie (ou compagnie de télégraphistes) de tel corps d'armée.

---

(1) Littéralement, bataillon des fortifications.

L'état-major d'un bataillon du génie se compose d'un major, commandant, 1 adjudant-major, 1 secrétaire de bataillon et 1 secrétaire adjoint, 1 aumônier de bataillon, 1 médecin, 1 aide-médecin, 1 pharmacien, 1 armurier, 1 chef ouvrier en fer, 1 chef ouvrier en bois ; la compagnie possède 1 capitaine, 2 lieutenants et 2 sous-lieutenants.

Les compagnies indépendantes ont un cadre plus faible ; elles n'ont que 3 officiers : 1 capitaine, 1 lieutenant, 1 sous-lieutenant, plus 1 secrétaire de bataillon.

L'effectif en hommes de troupe varie suivant les corps d'armée de 100 à 150 hommes par compagnie. Sur le pied de guerre, il serait de 200 hommes.

Les compagnies de télégraphistes comptent 1 capitaine, 1 lieutenant et 2 sous-lieutenants, et de 80 à 120 hommes de troupe.

Il est question, depuis plusieurs années, de la création d'un *bataillon d'ouvriers de chemins de fer*, mais ce projet ne paraît pas, jusqu'à présent, avoir reçu aucun commencement d'exécution.

Services auxiliaires.

Les services auxiliaires ne possèdent, comme unités organisées, que les bataillons du train et les corps d'ouvriers d'administration.

Chacun des six premiers corps d'armée possède un *bataillon du train* (*naqlié thabourou*) à 3 compagnies (1). L'état-major du bataillon se compose d'un major commandant, 1 adjudant-major, 1 capitaine d'habillement, 1 secré-

(1) D'après les projets de réorganisation, les 5 premiers corps devraient posséder chacun 2 régiments du train à 2 bataillons de 3 ou 4 compagnies.

taire et 1 aumônier de bataillon, 1 médecin, 1 vétérinaire, 1 pharmacien, 1 aide-médecin, 1 armurier, 1 chef ouvrier en bois, 1 chef ouvrier en fer ; chaque compagnie possède 1 capitaine, 1 lieutenant et 2 sous-lieutenants et un nombre très variable d'hommes de troupe (de 50 à 120) (1).

Les *troupes d'administration* comprennent un *régiment d'ouvriers* (*sanaï alayi*) à 3 bataillons de 8 compagnies, rattaché au corps de la Garde et employé dans les établissements militaires de Constantinople et des environs. Le colonel, commandant le régiment, est directeur de la tannerie (*tabaq khané*) de *Beykos* (sur la rive asiatique du Bosphore, en face de Thérapia).

Les cadres de ce régiment comprenaient en 1892 un total de 87 officiers (dont 2 colonels et 3 lieutenants-colonels), 4 médecins, 5 officiers d'administration (intendant et secrétaires).

Dans les autres corps d'armée il existe seulement des *détachements d'ouvriers* (*sanaï taqymy*) de composition variable. Ils ont une organisation analogue à celle d'un bataillon et sont commandés par un major ou un adjudant-major dépendant lui-même du *directeur des services administratifs* (*levazem reïsi*) du corps d'armée. Exceptionnellement le détachement du 4e corps, qui possède

(1) La plus grande partie des voitures et des animaux de trait ou de bât (chevaux, mulets, bœufs ou buffles) nécessaires à la constitution des trains de l'armée mobilisée serait fournie par la population, conformément à la loi du 18 octobre 1890, sur l'*organisation des moyens de transports et la formation des trains en temps de guerre*. Des commissions constituées dans chaque kaza, sous la présidence du kaïmakam, et composées de fonctionnaires civils, d'habitants et d'officiers de rédif, sont chargées, en temps de paix, du recensement et, en temps de guerre, de la réquisition des moyens de transport.

un lieutenant-colonel et deux majors, forme deux bataillons.

Ces détachements sont divisés en compagnies commandées par un capitaine, un lieutenant et un sous-lieutenant et composées d'ouvriers des diverses spécialités (tailleurs, cordonniers, selliers, boulangers, tanneurs, ouvriers du campement). Le nombre de ces compagnies varie de 3 à 5 suivant les corps d'armée.

Les *infirmiers* sont compris dans le personnel des hôpitaux militaires et ne sont pas organisés en unités spéciales. Il existe des *hôpitaux militaires* (*khasta-khané i askéri*) dans toutes les garnisons de quelque importance. Constantinople et ses faubourgs en possèdent six (Seraskiérat, Khoumbar-Khané, Haïder-Pacha, Yildiz, Maltépé, Beylerbey).

Les autres se trouvent :

Dans le 1er *corps*, à Kalé-i-Sultanié (Dardanelles) ;

Dans le 2e *corps*, à Andrinople, Kirk-Kilisé et Démotika ;

Dans le 3e *corps*, à Monastir, Mitrovitsa, Naslidj, Scutari, Uskub, Salonique et Smyrne ;

Dans le 4e *corps*, à Erzindjan et Erzeroum ;

Dans le 5e *corps*, à Damas, Alep et Beyrout ;

Dans le 6e *corps*, à Bagdad, Hélé et Kerkuk ;

Dans le 7e *corps* et la *division du Hedjaz*, à Sana, Hodeïda, Assyr et Djedda ;

En *Crète*, à La Canée ; en *Tripolitaine*, à Tripoli de Barbarie.

Répartition des troupes sur le territoire.

En principe, les troupes appartenant à chaque corps d'armée tiennent garnison dans la région correspondante ; il existe cependant d'assez nombreuses exceptions résultant principalement de ce fait que la partie européenne de la 3e région, c'est-à-dire la Macédoine, la Vieille-Serbie et l'Albanie, étant fréquemment troublée par des révoltes locales, des rixes entre populations de races et de religions différentes ou des actes de brigandage, on a dû augmenter les forces qui lui sont normalement affectées, par des emprunts faits à d'autres corps d'armée, particulièrement au 1er corps (Garde) et au 5e (Syrie). Ces deux corps détachent aussi quelques bataillons et escadrons en Crète, pour renforcer la brigade affectée d'une façon permanente à la garnison de cette île.

Le tableau suivant donne la composition normale de chaque corps d'armée ainsi que le nombre des unités qui tenaient effectivement garnison sur son territoire dans le courant de 1894.

Comme l'Annuaire militaire turc ne contient aucune donnée relative à l'emplacement des troupes, les indications contenues dans ce tableau et dans ceux qui suivent ne doivent être considérées que comme de simples renseignements sans caractère officiel.

TABLEAU

DE LA

RÉPARTITION DES TROUPES

ENTRE LES CORPS D'ARMÉE

RÉPARTITION DES TROUPES ENTRE LES CORPS D'ARMÉE.

TROUPES COMPOSANT NORMALEMENT LE CORPS D'ARMÉE.

	INFANTERIE.					CAVALERIE.		ARTILLERIE DE CAMPAGNE.				
	Régi-ments.	Bataillons				Régi-ments.	Escadrons.	Régi-ments.	Batteries			
		de ligne.	de chasseurs.	Divers.	Total.				à cheval.	montées.	de montagne.	Total.
1er corps (Garde)......	11 (2)	31	2	(2) 8	41	7	35	6	3	30	6	39
2e corps.......... ..	8	32	2	»	34	6	30	6	3	30	6	39
3e —	9	36	2	1	39	6	30	6	3	30	6	39
4e —	8	32	2	»	34	6	30	6	3	30	6	39
5e —	8	32	2	»	34	6	30	6	3	30	6	39
6e —	8	32	2	»	34	6	30	1	3	12	2	17
7e —	8	30	2	»	32	1/2	2	1	»	3	4	7
Division du Hedjaz....	3	12	»	1	13	»	»	»	»	»	2	2
— de Tripoli....	4	16	1	»	17	2	10	1	»	4	2	6
— de Crète.....	2	8	»	»	8	»	»	»	»	»	4	4
	69 (2)	261	15	10	286 (2)	39 (3)	197 (3)	33	18	160	44	231

	ARTILLERIE de forteresse.	GÉNIE		TRAIN.	TROUPES DÉTACHÉES (1)						TOTAL des UNITÉS PRÉSENTES dans la région (1).		
		Compagnies			d'un autre CORPS D'ARMÉE,			dans une autre RÉGION,					
	Bataillons.	de sapeurs.	de télégraphistes.	Bataillons	Infanterie (bataillons).	Cavalerie (escadrons).	Artillerie de campagne (batteries).	Infanterie (bataillons).	Cavalerie (escadrons).	Artillerie de campagne (batteries).	Infanterie (bataillons).	Cavalerie (escadrons).	Artillerie de campagne (batteries).
1er corps (Garde)......	8	4	1	1	»	»	»	12	7	»	29	28	39
2e corps.......... ..	»	4	1	1	»	»	»	»	»	»	34	30	39
3e —	4	4	1	1	11 (4) 11 (5)	5 (4)	12 (5)	»	»	»	61	35	51
4e —	5	4	1	1	»	»	»	»	»	»	34	30	39
5e —	1	1	»	1	»	»	»	16	»	12	18	30	27
6e —	»	1	»	1	»	»	»	»	»	»	34	30	17
7e —	»	1	»	»	»	»	»	»	2	»	32	»	7
Division du Hedjaz....	»	»	»	»	»	2 (6)	»	»	»	»	13	2	2
— de Tripoli....	»	»	»	»	»	»	»	»	»	»	17	10	6
— de Crète.....	»	»	»	»	1 (4) 5 (5)	2 (4)	»	»	»	»	14	2	4
	18	19	4	6	28	9	12	28	9	12	286	197	231

(1) Les troupes d'artillerie de forteresse, du génie et du train ne comportent pas de détachements en dehors de la région à laquelle elles appartiennent normalement.
(2) Y compris le régiment des pompiers de Constantinople (4 bataillons).
(3) Non compris le régiment des remontes (5 escadrons).
(4) Provenant du 1er corps.
(5) Provenant du 3e corps.
(6) Provenant du 7e corps.

Les quartiers généraux des divisions et brigades ainsi que les états-majors des régiments et autres unités indépendantes occupaient en 1894 les emplacements suivants :

1er CORPS.

1re DIV. D'INF.. CONSTANTINOPLE.
1er bat. de chasseurs........ Constantinople.
1re *brigade*.... *Constantinople.*
1er régiment (1). Constantinople.
2e régiment (2). Id.

2e DIV. D'INF... CONSTANTINOPLE.
2e bat. de chasseurs....... Constantinople.
3e *brigade*..... *Constantinople.*
5e régiment.... Constantinople.
6e régiment.... Id.

2e *brigade*..... *Constantinople.*
3e régiment (3). (Egri-Palanka) (4).

4e *brigade*..... *Constantinople.*
7e régiment (5). Constantinople.

(1) Ce régiment a 1 bataillon en Macédoine.
(2) 1 bataillon en Crète, 1 à Smyrne.
(3) 2 bataillons en Macédoine.
(4) Les noms entre parenthèses sont ceux des garnisons situées en dehors du territoire du corps d'armée auquel appartient le régiment.
(5) 2 bataillons en Vieille-Serbie, 1 à Chio.

4ᵉ régiment...	(Uskub).
Rég. de zouaves à turban.....	Constantinople.
Rég. de zouaves à fez........	Id.
1ʳᵉ DIV. DE CAVALERIE.....	CONSTANTINOPLE.
Rég. Erthogroul	Constantinople.
1ʳᵉ *brigade*.....	*Constantinople.*
1ᵉʳ régiment...	Constantinople.
2ᵉ régiment....	Id.
2ᵉ *brigade*.....	*Constantinople.*
3ᵉ régiment (1).	Constantinople.
4ᵉ régiment....	Id.
3ᵉ *brigade*.....	*Constantinople.*
5ᵉ régiment....	Constantinople.
6ᵉ régiment (2).	(Salonique).
Div. d'artillerie de forteresse...	*Tchataldja.*
1ᵉʳ régiment...	Tchataldja et Beuyuk-Tchekmedjé
2ᵉ régiment....	Tchataldja.

8ᵉ régiment...	Constantinople.
Rég. de pompiers........	Id.
1ʳᵉ DIV. D'ART. DE CAMPAGNE.	CONSTANTINOPLE.
Groupe à cheval..........	Constantinople.
1ʳᵉ *brigade*....	*Constantinople.*
1ᵉʳ régiment...	Constantinople.
2ᵉ régiment....	Id.
2ᵉ *brigade*.....	*Constantinople.*
3ᵉ régiment....	Constantinople.
4ᵉ régiment....	Id.
3ᵉ *brigade*.....	*Constantinople.*
5ᵉ régiment....	Constantinople.
6ᵉ régiment....	Id.
Bat. du génie..	Constantinople.
Comp. de télégraphistes....	Id.
Bat. du train..	Id.

2ᵉ CORPS.

3ᵉ DIV. D'INF...	ANDRINOPLE.
3ᵉ bat. de chasseurs.........	Andrinople.
5ᵉ *brigade*.....	*Andrinople.*
9ᵉ régiment....	Andrinople.
10ᵉ régiment...	Id.
6ᵉ *brigade*.....	*Kirk-Kilisé.*
11ᵉ régiment...	Kirk-Kilisé.
12ᵉ régiment...	Andrinople.
2ᵉ DIV. DE CAVALERIE........	ANDRINOPLE.

4ᵉ DIV. D'INF...	MUSTAFA-PACHA.
4ᵉ bat. de chasseurs.........	Andrinople.
7ᵉ *brigade*.....	*Démotika.*
13ᵉ régiment...	Kyrdjali.
14ᵉ régiment...	Mustafa-Pacha.
8ᵉ *brigade*.....	*Gumuldjina.*
15ᵉ régiment...	Mustafa-Pacha.
16ᵉ régiment...	Id.
2ᵉ DIV. D'ART. DE CAMPAGNE.	ANDRINOPLE.

(1) 2 escadrons en Crète.
(2) En Macédoine.

4e *brigade*.....	*Andrinople.*
7e régiment....	Andrinople.
8e régiment....	Id.
5e *brigade*.....	*Mustafa-Pacha.*
9e régiment....	Mustafa-Pacha.
10e régiment...	Id.
6e *brigade*.....	*Démotika.*
11e régiment...	Gumuldjina.
12e régiment...	Démotika.
Bat. du train...	Mustafa-Pacha.

Groupe à cheval..........	Andrinople.
4e *brigade*.....	*Andrinople.*
7e régiment....	Andrinople.
8e régiment....	Id.
5e *brigade*.....	*Mustafa-Pacha.*
9e régiment....	Andrinople.
10e régiment...	Id.
6e *brigade*.....	*Kyrdjali.*
11e régiment...	Kyrdjali.
12e régiment...	Id.
Bat. du génie..	Andrinople.
Comp. de télégraphistes. ...	Id.

Division de Crète (état-major à Candie).

61e régiment...	Candie.
62e régiment...	Rétimo.
Artillerie......	Candie.

3e Corps.

5e DIV. D'INF...	PRICHTINA.
5e bat. de chasseurs.	Novi-Bazar.
9e *brigade*.....	*Prichtina.*
17e régiment...	Plevlié.
18e régiment...	Prizren.
10e *brigade*....	*Scutari d'Albanie.*
19e régiment...	Grebena.
20e régiment...	Uskub.

6e DIV. D'INF...	SERFIDJÉ.
6e bat. de chasseurs.........	Mitrovitsa.
11e *brigade*....	*Ianina.*
21e régiment...	Ianina.
22e régiment...	Id.
12e *brigade*....	*Serfidjé.*
23e régiment...	Alassona.
24e régiment...	Scutari.
63e régiment...	Scutari.

3e DIV. DE CAVALERIE........	USKUB.
7e *brigade*.....	*Sérès.*
13e régiment...	Vélès.
14e régiment...	Sérès.
8e *brigade*.....	*Prilep.*
15e régiment...	Serfidjé.
16e régiment...	Prilep.
9e *brigade*.....	*Uskub.*
17e régiment...	Uskub.

3e DIV. D'ART. DE CAMPAGNE.	MONASTIR.
Groupe à cheval..........	Koumanovo.
7e *brigade*.....	*Monastir.*
13e régiment...	Monastir.
14e régiment...	Salonique.
8e *brigade*.....	*Salonique.*
15e régiment...	Salonique.
16e régiment...	Uskub.

18e régiment... Prichtina.

Bat. du train.. Monastir.

9e *brigade*..... *Ianina.*
17e régiment... Ianina.
18e régiment... Scutari.

Rég. d'artillerie de forteresse.. Scutari.
Bat. du génie.. Uskub.
Comp. de télégraphistes.... Monastir.

4e CORPS.

7e DIV. D'INF... ERZÉROUM.
7e bat. de chasseurs........ Erzindjan.
13e *brigade*.... *Erzéroum.*
25e régiment... Erzéroum.
26e régiment... Erzindjan.
14e *brigade*.... *Erzindjan.*
27e régiment... Erzindjan.
28e régiment... Kizil-Kilisé.

8e DIV. D'INF... KHARPOUT.
8e bat. de chasseurs......... Erzindjan.
15e *brigade*.... *Kharpout.*
29e régiment... Van.
30e régiment... Mouch.
16e *brigade*.... *Van.*
31e régiment... Diarbékir.
32e régiment... Djoulamerk.

4e DIV. DE CAVALERIE........ ERZINDJAN.
10e *brigade*.... *Mouch.*
19e régiment... Mouch.
20e régiment... Melasguird.
11e *brigade*.... *Erzindjan.*
21e régiment... Bayazid.
22e régiment... Erzindjan.
12e *brigade*.... *Erzéroum.*
23e régiment... Khassan-Kalé.
24e régiment... Erzéroum.

Bat. du train.. Erzéroum.

4e DIV. D'ART. DE CAMPAGNE. ERZINDJAN.
Groupe à cheval.......... Erzéroum.
10e *brigade*.... *Erzéroum.*
19e régiment... Erzéroum.
20e régiment... Id.
11e *brigade*.... *Erzindjan.*
21e régiment... Erzindjan.
22e régiment... Id.
12e *brigade*.... *Van.*
23e régiment... Van.
24e régiment... Erzéroum.

Rég. d'artillerie de forteresse.. Erzéroum.
Bat. du génie.. Id.
Comp. de télégraphistes.... Erzindjan.

5e Corps.

9e DIV. D'INF..	DAMAS.
9e bat. de chasseurs........	Jérusalem.
17e *brigade....*	*Damas.*
33e régiment...	Beyrout.
34e régiment(1).	(Monastir).
18e *brigade....*	*Jérusalem.*
35e régiment(2).	(La Canée).
36e régiment...	Alep (3).

5e DIV. DE CAVALERIE........	DAMAS.
13e *brigade....*	*Naplouse.*
25e régiment...	Id.
26e régiment...	Hama.
14e *brigade....*	*Da as.*
27e régiment...	Alep.
28e régiment...	Beyrout.
15e *brigade....*	*Damas.*
29e régiment...	Damas.
30e régiment...	Id.

Bat. du train..	Damas.

10e DIV. D'INF..	ALEP.
10e bat. de chasseurs........	Hauran.
19e *brigade....*	*Alep.*
37e régiment(4).	Adana.
38e régiment(5).	Damas.
20e *brigade....*	*Adana.*
39e régiment(6).	(Nevrokop).
40e régiment(7).	Alep.

5e DIV. D'ART. DE CAMPAGNE.	DAMAS.
Groupe à cheval.........	Alep.
13e *brigade....*	*Damas.*
25e régiment...	Damas.
26e régiment...	Id.
14e *brigade....*	*(Ienidjé).*
27e régiment(8).	(Ienidjé).
28e régiment(8).	(Stroumitsa).
15e *brigade....*	*Damas.*
29e régiment...	Damas.
30e régiment...	Id.
Bat. d'artillerie de forteresse..	St-Jean-d'Acre.
Comp. du génie.	Id.

6e Corps.

11e DIV. D'INF..	BAGDAD.
11e bat. de chasseurs........	Bagdad.

12e DIV. D'INF..	KERKUK.
12e bat. de chasseurs........	Bagdad.

(1) 3 bataillons en Macédoine, 1 en Crète.
(2) 2 bataillons en Crète.
(3) 1 bataillon en Macédoine, 1 en Crète.
(4) 2 bataillons en Macédoine.
(5) 1 bataillon en Crète.
(6) 3 bataillons en Macédoine et Albanie.
(7) 2 bataillons en Albanie.
(8) En Macédoine.

21e *brigade*.... *Bagdad.*
41e régiment... Bagdad.
42e régiment... Id.
22e *brigade*.... *Hélé.*
43e régiment... Nasrié.
44e régiment... Hélé.

6e DIV. DE CAVALERIE...... BAGDAD.
16e *brigade*.... *Bagdad.*
31e régiment... Bagdad.
32e régiment... Id.
17e *brigade*.... *Bagdad.*
33e régiment... Hélé.
34e régiment... Kerkuk.
18e *brigade*.... *Kerkuk.*
35e régiment... Suleïmanié.
36e régiment... Mossoul.

23e *brigade*..... *Kerkuk.*
45e régiment... Khanikin.
46e régiment... Kerkuk.
24e *brigade*.... *Mossoul.*
47e régiment... Mossoul.
48e régiment... Revandouz.

Rég. d'artillerie. Bagdad.
1er groupe (à cheval) .... Id.
2e, 3e et 4e gr. (montés)..... Id.
5e groupe (de montagne).... Divanié.

Comp. du génie. Tav.
Bat. du train.. Bagdad.

7e Corps.

13e DIVISION D'INFANTERIE.

13e bataillon de chasseurs.
25e *brigade :* 49e et 50e régiments.
26e *brigade :* 51e et 52e régiments.

14e DIVISION D'INFANTERIE.

14e bataillon de chasseurs.
27e *brigade :* 53e et 54e régiments.
28e *brigade :* 55e et 56e régiments.

Régiment d'artillerie, comp. du génie.

Les principales garnisons de ce corps d'armée sont : *Sana*, *Hodeïda*, *Taïf* et *Assyr*.

Division du Hedjaz.

64e, 65e et 66e régiments d'infanterie, bataillon de volontaires.
Demi-régiment de cavalerie; bataillon d'artillerie de montagne.
Principales garnisons : *La Mecque*, *Médine*, *Djedda*.

Division de Tripoli.

15e bataillon de chasseurs.
78e *brigade d'infanterie :* 57e et 58e régiments.
79e *brigade d'infanterie :* 59e et 60e régiments.
Brigade de cavalerie : 37e et 38e régiments.
Régiment d'artillerie.

Principales garnisons : *Tripoli*, *Benghazi*, *Ghadamès*, *Ghat* (*Fezzan*).

L'examen des deux tableaux qui précèdent fait voir que la totalité des trois premiers corps d'armée (abstraction faite de deux bataillons en garnison à Smyrne et à Chio), et la moitié à peu près du 5e corps, sont stationnées sur le territoire européen de l'Empire qui, malgré sa superficie restreinte, possède, de cette façon, à peu près la moitié des forces actives ottomanes.

Toutes les troupes du corps de la Garde, qui ne sont pas détachées dans une autre région, tiennent garnison à Constantinople ou dans ses environs immédiats. La capitale elle-même, et ses faubourgs européens ou asiatiques, ne possède pas moins de 24 bataillons d'infanterie, 30 escadrons, 39 batteries de campagne, sans compter le régiment des pompiers et les troupes dépendant de la Grande Maîtrise de l'Artillerie.

A côté de cette concentration du corps de la Garde, le 3e corps offre l'exemple d'une extrême dispersion. En effet, les troupes appartenant à ce corps ou détachées sur son territoire, n'occupent pas moins de 50 garnisons, dont 20 dans le seul vilayet de Kossovo, le long des frontières de la Bosnie et de la Serbie. Aussi, les forces de chaque garnison sont-elles, en général, très restreintes ; beaucoup de localités ne sont occupées que par un bataillon d'infanterie, d'autres, par un escadron de cavalerie, une batterie ou même une demi-batterie.

VIII. — Armée de réserve (Rédif).

Dispositions générales.

L'*armée de réserve* (*'asakir i redifé*), constitue une partie importante des forces militaires turques. Dans l'armée mise sur le pied de guerre, elle représenterait les deux tiers de l'infanterie, et ses corps d'armée, pourvus par l'armée permanente d'artillerie et probablement aussi de cavalerie, seraient appelés à marcher sur le même rang que ceux du *nizam*. En somme, si l'organisation du rédif sur le pied de paix correspond bien à celle d'une armée de réserve, dans les meilleures conditions possibles d'ailleurs, sa destination en temps de guerre en fait plutôt une portion de l'armée active; sa situation, à ce point de vue, n'est pas sans analogie avec celle des *landwehrs* de l'empire austro-hongrois, avec cette différence, cependant, que les cadres permanents du rédif ne comprennent pas d'hommes de troupe.

Nous avons déjà dit que les formations du rédif sont alimentées par les hommes ayant terminé la période de six années pendant laquelle ils appartiennent à l'armée active ou à sa réserve. Ces hommes sont, pendant 8 ans, classés dans le rédif. Autrefois, ils étaient répartis en deux bans, désignés sous les noms de *mokaddem* (avant-garde) et *taly* (arrière-garde), et dans chacun desquels ils passaient quatre années (1); les unités de tout ordre étaient constituées en nombre égal dans l'un et l'autre ban, de sorte que chaque région possédait un corps d'armée de rédif du premier ban et un du deuxième ban. Il résultait de ce système que, dans chaque région, le nombre des subdivisions de tout ordre était moitié moindre qu'avec l'organisation actuelle. Il n'existait ainsi que 2 circonscriptions de division, 4 de brigade, 8 de régiment, etc., chacune d'elles correspondant à deux unités. La confusion qui résultait de cette organisation, ainsi que l'étendue trop considérable des circonscriptions de bataillon et de compagnie sont les principales causes qui ont conduit à la modifier (2).

Bien qu'abolie par le règlement du 28 septembre 1887, cette organisation est restée en vigueur jusqu'en 1892;

(1) Contrairement à l'usage adopté universellement de faire marcher les premiers les hommes les plus jeunes, le *premier ban* (*mokaddem*) du rédif se composait des 4 classes les plus anciennes.

(2) Les régiments de rédifs étaient numérotés à la suite des régi-

mais, actuellement, la division en deux bans est supprimée et les hommes du rédif sont simplement répartis en 8 classes, d'après l'année de leur passage dans cette catégorie. En cas de mobilisation, on peut appeler sous les drapeaux les classes de rédif, en commençant indifféremment par la plus jeune ou la plus ancienne.

Le règlement du 28 septembre 1887, qui détermine l'organisation et le service des troupes de rédif, admet un certain nombre d'exemptions correspondant, pour la plupart, à celles qui sont prévues pour l'armée active par la loi de recrutement.

Parmi les dispensés du service dans le rédif figurent les habitants de Constantinople, les personnes attachées au service de la Maison impériale, celles qui remplissent certaines fonctions religieuses, les élèves diplômés de l'École de droit et des autres Écoles supérieures qui exercent une fonction dépendant de l'État, les théologiens diplômés attachés à une *medressé*.

Les dispenses à titre de soutien de famille sont accordées, pour le rédif, à peu près dans les mêmes conditions que pour l'armée active ; les exemptions concédées ne sont, bien entendu, valables qu'autant que dure la cause qui les a fait accorder. Nous verrons plus loin qu'un service très actif de surveillance est organisé de façon que l'autorité militaire soit constamment renseignée sur l'existence effective des motifs de dispense.

En outre des cas de dispense dont il vient d'être question, une disposition assez curieuse, qui fait l'objet du titre V du règlement sur le rédif, permet, en cas de con-

---

ments de l'armée active, de 57 à 104 pour les régiments « *taly* », et de 105 à 144 pour les régiments « *mokaddem* ». Les divisions et les brigades étaient numérotées d'après les mêmes principes. D'après la nouvelle organisation, les unités du rédif possèdent une série distincte de numéros.

vocation, aux hommes dont l'absence serait de nature à compromettre gravement les intérêts, de se faire remplacer par un autre homme apte à faire campagne, mais qui ne serait pas lui-même astreint au service ; les remplaçants doivent donc être des hommes âgés de plus de 40 ans, ou bien originaires des localités exemptées du service militaire (par exemple, de Constantinople). On n'accepte pas comme remplaçants les hommes âgés de plus de 45 ans, les gens sans aveu, ni ceux qui ont été exclus de l'armée pour mauvaise conduite.

Le remplaçant reçoit une indemnité en argent, fixée de gré à gré entre lui et celui qu'il remplace. L'homme qui s'est fait remplacer reste responsable de son remplaçant et, si ce dernier déserte, il doit servir personnellement ou procurer un autre remplaçant.

Ce mode de remplacement est désigné sous le nom de *bédel i chakhsi* (*remplacement personnel*). L'ancien règlement sur les rédifs en prévoyait un autre, le *remplacement au moyen d'animaux* (*bédel i haïvani*). L'homme qui désirait être exempté des convocations du rédif, sans avoir à payer un remplaçant, s'engageait à entretenir et à garder constamment à la disposition de l'autorité militaire deux chevaux munis de leur harnachement. En vertu d'une autorisation spéciale du commandant du bataillon de rédif, les chevaux pouvaient être remplacés par des buffles ou des bœufs d'attelage pourvus des accessoires nécessaires. Un état de ces animaux était tenu au commandement du bataillon de rédif.

Composition et attributions des cadres permanents de rédif.

En parlant de la division militaire de l'Empire, nous avons déjà donné la répartition des unités de l'armée de réserve. On sait qu'à chacun des 6 premiers corps d'armée actifs correspondent 4 divisions de rédif, formant

8 brigades, 16 régiments, 64 bataillons et 256 compagnies.

Chacune de ces unités, depuis la division jusqu'à la compagnie, possède un cadre permanent comprenant un nombre d'officiers suffisant pour l'encadrer sur le pied de guerre, et quelques sous-officiers, comptables, secrétaires ou chefs-ouvriers.

La composition réglementaire des cadres permanents de rédif est la suivante :

Par *division*, un général de division ;

Par *brigade*, un général de brigade ;

Par *régiment de numéro impair*, un colonel ;

Par *régiment de numéro pair*, un lieutenant-colonel ;

Par *bataillon*, 1 major, commandant ; 1 adjudant-major, 1 secrétaire de bataillon, 1 lieutenant ou sous-lieutenant chef du dépôt d'habillement et d'armement, 1 sergent-major adjoint au chef du dépôt, 1 armurier ;

Par *compagnie*, 1 capitaine, commandant ; 1 lieutenant, 1 sous-lieutenant, 1 sergent-major (retraité).

Le personnel médical n'est désigné qu'en temps de guerre et serait constitué au moyen de médecins civils appartenant par leur âge au rédif, et qui, d'après l'art. 23 du règlement, doivent être employés dans le service de santé militaire.

Si l'on examine sur l'*Annuaire* la situation des cadres de rédif, on constate que tous les emplois de capitaine et d'officier supérieur sont très exactement pourvus de titulaires ; on trouve même, dans beaucoup de bataillons, 1, 2 et même 3 capitaines en excédent du chiffre réglementaire. L'effectif des lieutenants et sous-lieutenants est un peu plus variable. Mais, si l'on tient compte des capitaines en surnombre, on constate que la plupart des compagnies ont leur cadre d'officiers au complet. En effet, le nombre total des officiers d'un bataillon est presque toujours compris entre 13 et 15 ; si de ce nombre on re-

9

tranche les 3 officiers de l'état-major du bataillon (major, adjudant-major et lieutenant chef de dépôt), il reste de 10 à 12 officiers pour les 4 compagnies.

En outre des officiers prévus par le règlement, deux officiers, du grade de capitaine ou de lieutenant, sont ordinairement attachés à chaque commandement de division, et un lieutenant à chaque commandement de brigade.

L'armée de réserve ottomane est donc largement pourvue d'officiers, et l'on peut dire que le côté faible de la plupart des organisations de cette nature, qui est de présenter une grande disproportion entre les cadres du pied de paix et les troupes à encadrer sur le pied de guerre, a été complètement supprimé dans l'armée ottomane.

Si l'on ajoute à cet avantage que l'armée active possède, en cavalerie et en artillerie, des ressources suffisantes pour fournir les unités de ces deux armes nécessaires aux corps d'armée de réserve, il est permis de conclure que le rédif constitue, à tous égards, une armée de réserve dont la valeur, en campagne, ne serait que de bien peu inférieure à celle d'une armée complètement permanente.

Cependant, il est juste de faire remarquer que la bonne constitution de cette armée de réserve est, à beaucoup d'égards, la conséquence de la faiblesse numérique relative de l'armée permanente.

Étant données sa population et sa superficie (22 millions d'habitants et 2 millions de kilomètres carrés, pour les provinces d'Europe et d'Asie), l'Empire ottoman devrait, en effet, entretenir une armée permanente d'au moins dix corps d'armée ; mais le maintien de la mesure d'après laquelle les musulmans seuls sont admis sous les drapeaux, obligeant à réduire l'effectif de l'armée permanente, on a pu, par compensation, constituer les cadres de réserve beaucoup plus fortement que si les troupes de première ligne étaient en proportion normale avec la population totale de l'Empire.

De plus, le développement numérique des cadres permanents du rédif porte en lui-même un vice grave ; car, s'il est vrai que les officiers des bataillons et des compagnies de rédif sont chargés du service du recrutement et des réserves et qu'ils ont, de ce chef, un certain travail, en raison des nombreuses tournées que leur prescrit le règlement, ils ne sont certainement pas assez occupés pour entretenir sérieusement leur activité et leurs capacités militaires, surtout en raison de ce fait que, en dehors des rares convocations des hommes du rédif, ils n'ont sous leurs ordres aucune espèce de troupe.

C'est la circonscription de bataillon qui joue le principal rôle dans l'existence des troupes de rédif ; c'est, en effet, par bataillons que les hommes sont convoqués pour les périodes d'instruction, et c'est au centre de chaque bataillon que se trouve le *dépôt* contenant les armes et les effets d'habillement et d'équipement devant servir aux hommes du bataillon en cas de concentration pour les manœuvres, ou de mobilisation.

L'administration du dépôt de bataillon est confiée à un lieutenant ou sous-lieutenant, assisté d'un sergent-major. Les cadres permanents de rédif ne comportant pas de soldats, la garde de ce dépôt est assurée par les troupes actives en garnison à proximité, ou bien, à défaut de celles-ci, par des réservistes de la circonscription, convoqués à tour de rôle pendant six semaines.

On a déjà dit quel était le rôle des officiers de rédif au point de vue des opérations du recrutement. En ce qui concerne les réserves, ils sont chargés de l'administration et de la surveillance des hommes des diverses catégories, se trouvant dans leurs foyers. C'est principalement aux cadres des compagnies et des bataillons qu'incombe ce soin.

Des registres matricules des réservistes de l'armée active et des hommes du rédif sont tenus par chaque commandant de bataillon et de compagnie de rédif.

Les hommes passant dans la réserve de l'armée active doivent, dans le délai d'un mois et demi après leur libération du service sous les drapeaux, se présenter au commandant de la compagnie de rédif de leur domicile et faire viser par lui leur certificat ou *passeport de réserviste* (*ihtiath teskérési*).

Le temps de présence dans la réserve de l'armée active ne compte que de la date indiquée par ce visa.

C'est également au capitaine de rédif que les soldats libérés doivent renvoyer les effets militaires avec lesquels ils sont rentrés dans leurs foyers.

Ces effets sont étiquetés au nom de chaque homme et expédiés, par les soins du capitaine, au dépôt du bataillon de rédif. En cas de convocation, ils seraient de nouveau remis à leur titulaire.

Les hommes ayant terminé le temps de séjour dans l'armée active et sa réserve et se trouvant appelés, par suite, à passer dans le rédif, doivent se présenter au commandant du bataillon de rédif dans la circonscription duquel ils sont domiciliés, et lui rendre leurs passeports de réservistes.

Le commandant du bataillon raye les noms de ces hommes sur le registre matricule des réservistes et les inscrit sur le registre du rédif, puis remet, en échange du passeport de réserviste, un passeport et un livret (*djézoudan*) de rédif.

Cette formalité remplie, les hommes nouvellement inscrits dans le rédif doivent, comme au moment de leur passage dans la réserve, se présenter au commandant de la compagnie de leur domicile, qui vise leur passeport de rédif et inscrit leur nom sur le registre de compagnie.

L'inscription sur les contrôles des bataillons de rédif se fait par classe de recrutement et dans chaque classe d'après un numéro d'ordre tiré au sort par le conseil de recrutement.

C'est dans l'ordre indiqué par ces numéros que les hommes seraient appelés sous les drapeaux, si, en cas de mobilisation, une partie seulement d'une classe était convoquée.

Afin de pouvoir tenir constamment au courant les contrôles de rédif, les commandants de compagnie doivent parcourir, une fois par mois, toutes les localités de leur circonscription, vérifier la situation des hommes inscrits comme soutiens de famille ou infirmes, prendre note de ceux dont les causes de dispense auraient cessé et de ceux pour lesquels une cause de cette nature se serait produite nouvellement. Ils annotent, en conséquence, les registres matricules de leur compagnie et portent les changements survenus à la connaissance du commandant de bataillon qui, à son tour, annote les contrôles du bataillon, et, tous les trois mois, rend compte des mutations au commandant du corps d'armée.

Les hommes qui sont dans le cas de faire valoir un motif de dispense survenu récemment, doivent en avertir le commandant de compagnie, sous peine de se voir déchus de leur droit en cas de convocation.

Les adjudants-majors et les commandants de bataillon parcourent également la circonscription du bataillon, une fois par an et à des époques différentes, pour vérifier les opérations des capitaines.

Les hommes du rédif ne sont pas astreints, quand ils désirent s'absenter de leur résidence, aux mêmes obligations que les réservistes ; ils doivent seulement, lorsque la localité où ils veulent aller se trouve en dehors du sandjak de leur domicile, en prévenir leurs commandants de compagnie.

Mobilisation du rédif.

En cas de nécessité, les troupes du rédif peuvent être mobilisées par *iradé* impérial.

Cette mobilisation n'est pas, comme dans presque tous les autres pays, restreinte, dans la pratique, au cas d'une guerre étrangère; elle a lieu aussi, parfois, en vue du maintien de l'ordre à l'intérieur, de la répression d'insurrections ou de l'augmentation temporaire de certaines garnisons.

L'ordre de mobilisation étant donné par le souverain, le Ministre de la guerre y ajoute les instructions de détail relatives au nombre des hommes à appeler, et désigne la classe à partir de laquelle on commencera l'appel, la législation ottomane n'obligeant pas à appeler d'abord les classes les plus jeunes. L'ordre impérial et les instructions ministérielles sont envoyés aux commandements des corps d'armée, qui les font parvenir, par la voie hiérarchique, aux commandants des bataillons de rédif, en y ajoutant les indications relatives au nombre d'hommes à appeler dans chaque bataillon.

Les opérations de la mobilisation, dans chaque circonscription de bataillon, doivent être assez longues, si l'on veut se conformer exactement aux prescriptions réglementaires.

Les commandants de bataillons dressent, selon les instructions reçues du corps d'armée, la liste des hommes à appeler ; les hommes sont inscrits sur cette liste, jusqu'à concurrence du nombre nécessaire, d'après l'ordre de leurs numéros, en commençant par la classe désignée et en remontant ou en descendant dans l'ordre des classes, selon que l'on a commencé par la plus jeune ou par la plus ancienne. On passe les noms des hommes notés sur les contrôles comme dispensés ou infirmes, ainsi que ceux des hommes n'appartenant pas à l'infanterie. Ces derniers restent disponibles et sont employés, en cas de besoin, pour constituer des unités de leur arme ou compléter celles du *nizam*.

Les listes de convocation une fois dressées, on en établit des extraits qui sont envoyés, par l'intermédiaire des compagnies de rédif, aux autorités civiles des différentes localités de la circonscription. Les fonctionnaires civils et religieux, les chefs de villages et les membres des conseils des anciens se réunissent alors et font prévenir les hommes portés sur les listes d'avoir à se rassembler dans un endroit désigné, ordinairement une mosquée. Là, on leur donne connaissance de l'ordre impérial qui les appelle sous les drapeaux et on les exhorte à s'y conformer. On fait l'appel des hommes présents, on vérifie la situation de ceux qui se déclarent malades et, s'il y a lieu, le conseil des anciens leur délivre un certificat constatant leur état ; on prend note des manquants, puis on dirige les hommes présents sur le chef-lieu de la circonscription de compagnie. Ici, nouvelle inspection de la part des officiers de la compagnie, vérification des causes d'absence, inscription des présents sur les contrôles, puis mise en route pour le siège du bataillon, sous la conduite des officiers de la compagnie. A l'arrivée des compagnies aux centres des bataillons, on compare les registres des compagnies avec ceux des bataillons, on procède à l'appel des hommes et une commission, dont font partie les autorités civiles de la localité, s'assure de nouveau, en interrogeant les hommes présents, de la légitimité des motifs allégués par les absents. On constitue ensuite les cadres inférieurs et on distribue aux hommes les armes et les effets d'habillement conservés au dépôt du bataillon. Le bataillon, après avoir terminé sa mobilisation, se met en route avec tous ses officiers, à l'exception du lieutenant chef du dépôt, qui reste pour gérer les services territoriaux incombant au bataillon.

Après la mobilisation des états-majors de division, de brigade et de régiment, c'est l'intendant (*alaï-emini*) de chaque régiment actif qui prend possession des attributions territoriales du commandement de la brigade de rédif correspondante.

La force d'un bataillon de rédif mobilisé doit être comprise entre 600 et 1000 hommes. Les hommes restant en excédent peuvent être, si les circonstances l'exigent, formés en *bataillons supplémentaires* (*ilavé thabourou*) dans la composition desquels peuvent entrer aussi des hommes appartenant à l'armée active (réserve et 2e catégorie) et se trouvant en excédent. Les cadres de ces bataillons, n'existant pas en temps de paix, sont prélevés, au moment de la mobilisation sur ceux des autres corps ou services. Il doit être formé, en principe, deux compagnies supplémentaires par circonscription de bataillon.

Les hommes qui resteraient encore disponibles après la constitution des bataillons supplémentaires, seraient réunis au chef-lieu de la circonscription de régiment et formés en *bataillons de dépôt* (1).

Périodes d'instruction.

En temps de paix, les bataillons de rédif sont, aux termes du règlement, convoqués tous les deux ans pour une période d'instruction d'un mois. Les bataillons impairs de chaque régiment sont convoqués une année, les bataillons pairs l'année suivante. Les manœuvres ont lieu au chef-lieu de la circonscription de bataillon, pendant la belle saison ; leur date précise est fixée pour chaque bataillon selon les circonstances locales, de ma-

(1) La formation des bataillons supplémentaires et de dépôt a fait l'objet d'un iradé du 23 juillet 1892.

nière que les inconvénients qui en résultent pour les travaux des hommes appelés soient aussi réduits que possible.

Le rassemblement des hommes pour les périodes d'instruction s'opère dans les mêmes conditions que pour une mobilisation ; réunion dans les localités par les soins des autorités civiles, concentration aux chefs-lieux des circonscriptions de compagnie, etc.

Au chef-lieu de la circonscription de bataillon, les hommes reçoivent leurs effets d'uniforme et leurs armes et quittent leurs vêtements civils, qui sont conservés pendant la durée de la période au dépôt du bataillon.

En cas d'insuffisance de l'approvisionnement du dépôt en vêtements d'uniforme ou en armes, le règlement prescrit que les hommes en excédent conserveront leurs effets civils, et que les exercices en armes auront lieu à tour de rôle.

En principe, les rédifs sont logés sous la tente.

Un certain nombre de sous-officiers du nizam sont mis à la disposition des bataillons de rédif pour compléter l'encadrement des sections et pelotons.

Les hommes qui se trouveraient absents de leur circonscription au moment de la convocation du bataillon dont ils font partie pourraient être autorisés, sur leur demande, à accomplir leur période d'instruction soit dans le bataillon de rédif du lieu de leur résidence momentanée, soit dans un corps de l'armée active.

A la fin de chaque période d'instruction, le conseil d'administration du bataillon vise les livrets des hommes présents et y mentionne l'accomplissement de la période.

Les officiers des compagnies, pendant leurs tournées, visent également, après vérification, les livrets des hommes qui n'ont pu prendre part à la convocation pour cause de maladie.

Lorsque des hommes ont, sans motif légitime, manqué une convocation, l'année pendant laquelle elle a eu lieu n'est pas décomptée dans le temps que ces hommes doivent passer dans le rédif. S'ils ont manqué à plusieurs convocations consécutives, ils doivent, en outre, pour chaque convocation à laquelle ils n'ont pas répondu, accomplir deux mois de service dans un corps de l'armée active.

Durant la période des manœuvres du rédif, les commandants de régiment doivent séjourner pendant la moitié de la période, c'est-à-dire pendant 15 jours, auprès de chacun des bataillons convoqués. Ils se rendent compte de la situation des hommes, de la marche de l'instruction, et, en même temps, du fonctionnement de tous les services confiés aux bataillons de rédifs.

Formations de l'armée de réserve sur le pied de guerre.

Les formations de l'armée de réserve mobilisée correspondent à ses cadres du pied de paix. Il suffira de constituer, au moment de la guerre, les commandements des corps d'armée (au nombre de deux par *ordou*) et leurs états-majors, empruntés sans doute en partie aux états-majors du pied de paix des corps d'armée du nizam, et de pourvoir les états-majors de division, des organes de direction du service de l'intendance, du service de santé, etc. En dehors des états-majors d'armée, tous les autres commandements, depuis la division jusqu'à la compagnie, sont constitués et, comme nous l'avons fait remarquer, tenus assez exactement au complet. Tout ceci ne s'applique qu'à l'infanterie, la seule arme mobilisée normalement par le rédif.

D'après les dispositions en vigueur, et mises à exécution à partir de 1892, l'armée de réserve doit mobiliser deux corps d'armée de même composition que ceux de l'armée active, dans chacune des six premières régions d'armée (*ordou*), soit 12 corps d'armée ou 24 divisions d'infanterie.

A chacun de ces corps d'armée doit être affectée une brigade d'artillerie de 2 régiments à 6 batteries chacun, fournie par la division d'artillerie qui, en temps de paix, fait partie du corps d'armée de nizam. En principe, les régiments d'artillerie doivent être affectés chacun à une division d'infanterie ; il ne serait donc pas constitué normalement d'artillerie de corps.

Jusqu'à présent les corps de rédif des 5 premiers ordous pourront seuls recevoir le nombre de batteries qui leur est normalement affecté, l'artillerie du 6e ordou étant encore incomplète (1).

L'attribution de la cavalerie aux corps de réserve n'est pas réglementée d'une façon officielle, mais la répartition de cette arme sur le pied de paix étant semblable à celle de l'artillerie, il y a lieu de penser, par analogie, que deux des trois brigades qu'elle possède dans chacun des six premiers ordous seraient affectées aux corps de rédif. La dotation en cavalerie serait, par suite, uniforme.

Quant aux troupes du génie et du train, déjà insuffisantes pour les corps du nizam, elles devraient être improvisées de toutes pièces au moment de la mobilisation ; c'est là un côté faible de l'organisation actuelle de l'armée turque. On pourrait cependant y remédier facilement, par exemple en portant de 4 à 6 compagnies les bataillons du génie des corps d'armée, qui pourraient à la mobilisation former chacun trois nouvelles compagnies avec l'appoint des hommes du rédif.

En résumé, l'armée de réserve pourrait mobiliser, avec les troupes du nizam qui lui seraient adjointes, *douze corps d'armée* comprenant chacun 2 divisions d'infanterie à 4 régiments de 4 bataillons, soit 32 bataillons, une brigade de cavalerie de 2 régiments (10 esca-

(1) Voir page 107.

drons) et, sauf dans les deux derniers corps, une brigade d'artillerie de 2 régiments (12 batteries).

Milice (Mustahfiz).

La milice (*mustahfiz*) se compose des hommes qui ont accompli les 14 années de service auxquelles ils sont astreints dans l'armée active et l'armée de réserve. Ils y restent jusqu'à l'âge de 40 ans, soit pendant 6 ans.

Au moment où les hommes du rédif sont appelés par leur âge à passer dans le mustahfiz, leurs passeports et leurs livrets de rédif leur sont retirés et ils reçoivent des passeports de milice (*mustahfiz tezkérési*) par les soins des commandants de bataillons de rédif.

La milice turque peut être comparée au *landsturm* allemand. Les hommes qui en font partie ne sont astreints à aucune convocation en temps de paix. En cas de mobilisation générale, ils seraient formés en bataillons à l'effectif de 600 à 1000 hommes, destinés principalement à tenir garnison dans les places fortes, à garder les lignes d'étapes, etc. (1). Aucune disposition légale n'interdit cependant de les employer dans les armées de campagne.

L'armée turque ne possédant pas, jusqu'à présent, de corps d'officiers de complément, les cadres des bataillons de milice seront, comme ceux des bataillons supplémentaires du rédif, composés d'officiers actifs empruntés aux corps ou services du nizam et du rédif. Ces officiers doivent être désignés dès le temps de paix et choisis parmi les moins aptes à faire campagne ou parmi ceux qui pourraient, sans inconvénient, quitter leur emploi au

---

(1) L'organisation de ces bataillons est réglée par l'iradé du 23 juillet 1892 relatif aux bataillons supplémentaires et aux formations de dépôt et de milice.

moment de la mobilisation. En temps de paix, ce sont les adjudants-majors des bataillons de rédif qui sont spécia-ment chargés de la tenue des contrôles des unités de milice.

En principe, il devait être constitué un bataillon de mustahfiz pour deux circonscriptions de bataillon de rédif. Cependant, le règlement sur les dépôts de rédif prescrivant que chaque dépôt doit contenir les armes et l'habillement nécessaires pour un bataillon de rédif et un bataillon de mustahfiz, il en résulte que l'on aurait maintenant l'intention de constituer autant de bataillons de cette dernière catégorie que de bataillons de rédif, soit 64 par région. Ces bataillons peuvent, suivant les besoins, être groupés en régiments ou en unités plus fortes ; la loi de recrutement dit même (art. 17) que chaque région mobilise un corps d'armée de mustahfiz, mais il ne semble pas probable que cette milice, dépourvue d'ailleurs de cavalerie et d'artillerie, doive réellement constituer des corps d'armée.

IX. — Composition de l'armée ottomane sur le pied de guerre.

En résumé, si l'on cherche à évaluer quelle serait la force totale des troupes régulières que la Turquie pourrait mettre en campagne, d'après l'organisation qui vient d'être étudiée, on aboutit au résultat suivant :

1° Six corps d'armée de première ligne (nizam) à 34 bataillons d'infanterie, 10 escadrons, 12 batteries, soit, avec les services auxiliaires, 40,000 hommes environ............	240,000
2° Douze corps d'armée de seconde ligne (rédif), à 32 bataillons d'infanterie et même composition que les précédents en artillerie et cavalerie, soit environ 38,000 hommes par corps d'armée....................................	460,000
Total de l'armée de campagne.....	700,000

A ces chiffres, il convient d'ajouter, en ce qui concerne le nizam, les effectifs des troupes d'occupation supposées portées au pied de guerre et représentant un total d'environ 78,000 hommes (7e corps, 35,000 hommes ; division du Hedjaz, 13,000 ; division de Tripoli, 21,000 ; brigade de Crète, 9,000), ainsi que les effectifs des troupes d'artillerie de forteresse (environ 35,000 hommes).

On arrive, par suite, aux chiffres approximatifs de 350,000 hommes pour les troupes du nizam et de 460,000 pour celles du rédif.

Or, si l'on se reporte aux ressources fournies par le recrutement, on constate que les six classes du nizam, en comptant seulement les hommes de la 1re catégorie (*birindji qysm*) peuvent fournir à la mobilisation 380,000 hommes, dont 250,000 complètement instruits. Les hommes des huit classes du rédif sont au nombre d'environ 600,000 sur lesquels on peut admettre par analogie avec ce qui se passe pour le nizam, que 480,000 seraient certainement disponibles.

Il s'ensuit que la mobilisation des corps d'armée de première et de seconde ligne pourrait s'opérer dans de bonnes conditions.

En ce qui concerne le degré d'instruction des hommes, la situation se présente sous un jour assez avantageux, puisque les trois quarts des hommes appelés à former les corps du nizam seront complètement instruits, les autres ayant en général de 6 mois à 1 an de service, et que, parmi les soldats du rédif, plus des deux tiers ont fait 3 ou 4 ans de services.

En outre des troupes qui viennent d'être mentionnées il serait constitué, tant dans l'armée active que dans l'armée de réserve, des bataillons supplémentaires, mais les chiffres que l'on possède n'ont pas un degré de précision suffisante pour permettre de calculer le nombre exact de ces bataillons.

Quant à la *milice*, elle paraît devoir, d'après les dernières instructions, mobiliser 64 bataillons dans chacun des 6 premiers corps d'armée, soit en tout 384 bataillons. Le nombre total des miliciens étant en chiffres ronds de 360,000, dont 180,000 complètement instruits, la formation de ces bataillons pourrait s'effectuer sans trop de difficultés, sauf en ce qui concerne les cadres qui, pour ne pas désorganiser les corps de nizam et de rédif, devront être extrêmement réduits. L'inconvénient qui en résultera ne serait d'ailleurs pas considérable, le rôle des troupes du mustahfiz ne pouvant être que secondaire.

En définitive, l'Empire ottoman peut, en cas de guerre, abstraction faite des troupes d'occupation (Yémen, Tripoli, etc.) qui ne quitteraient sans doute pas leurs garnisons du temps de paix, compter sur dix-huit corps d'armée bien constitués en troupes des trois armes principales et entièrement encadrés en officiers actifs. Seuls, les services auxiliaires et surtout le matériel, laisseraient à désirer.

Derrière ces dix-huit corps formant, à proprement parler, l'armée de campagne, les bataillons de mustahfiz et un certain nombre de bataillons supplémentaires de nizam et de rédif assureraient le service des garnisons de l'intérieur, des lignes d'étapes, et constitueraient, en tout ou en partie, les garnisons des places fortes. Enfin, à ces divers éléments, il convient d'en ajouter un autre qui aurait vraisemblablement à jouer un rôle assez important dans l'armée de première ligne, c'est la cavalerie « hamidié » dont on n'a pas encore fait mention jusqu'à présent et dont on se propose d'étudier l'organisation toute spéciale dans le chapitre suivant.

Il semble, à première vue, résulter du texte des règlements, que, lors de la mobilisation, le corps d'armée de nizam et les deux corps de rédif constitués par une même région formeraient une *armée* sous les ordres du maréchal commandant la région en temps de paix. Il n'est pas probable cependant que, dans la réalité, le groupement des corps en armées s'opère d'une façon aussi régulière et aussi rigide. La nature des opérations, la disposition des théâtres de guerre, les différences dans la durée de mobilisation des éléments du nizam et du rédif y mettront certainement obstacle. On peut cependant conclure de ce qui précède que les corps du rédif seront employés au même titre que ceux du nizam.

X. — Cavalerie Hamidié.

Recrutement et instruction.

En étudiant le mode d'accomplissement du service militaire dans l'Empire ottoman, nous avons remarqué que des populations entières de la Turquie d'Asie, bien que soumises à la loi de recrutement, échappaient, dans la pratique, au service obligatoire (1). Cet état de choses occasionne une déperdition de forces d'autant plus sensible, que les populations en question, kurdes ou arabes, tout en se prêtant difficilement, à cause de leurs habitudes nomades et de leur caractère indépendant, à un service régulier en temps de paix, peuvent fournir, en cas de guerre, d'excellents soldats, habitués, dès leur enfance, au maniement des armes, à la pratique des exercices physiques, et aguerris, par les conditions ordinaires de leur existence, aux fatigues de la vie en campagne.

(1) On évalue à un million et demi (sans compter les habitants de l'Arabie turque) le chiffre de la population qui échappe ainsi au service régulier. Encore cette évaluation reste-elle certainement au-dessous de la réalité.

Il était donc tout naturel de chercher à utiliser, dans l'intérêt de la défense du pays, les qualités militaires natives de ces populations, tout en tenant compte de leurs traditions locales et de leur répulsion pour la caserne.

Ce *desideratum* a été atteint, tout au moins en ce qui concerne les tribus du Kurdistan, par une ordonnance de 1891, prescrivant la création de régiments de cavalerie irrégulière indigène, dont l'organisation est effectivement commencée depuis 1892.

Ces régiments ont reçu le nom de régiments « *hamidié* », en l'honneur du sultan régnant Abd-ul-Hamid, à qui est due l'initiative de cette institution, dont il suit le développement avec une sollicitude particulière.

Les points principaux de l'organisation de la cavalerie « hamidié » sont : la réduction du service sous les drapeaux, en temps de paix, à de courtes périodes d'instruction ; le maintien des hommes dans leur pays ; l'adaptation des formations militaires à l'organisation des tribus et l'attribution d'une partie des grades aux chefs indigènes.

Comme compensation aux privilèges qui leur sont accordés par le fait de cette organisation, les cavaliers des régiments « hamidié » sont astreints à s'habiller, à s'équiper et à se monter à leurs frais, et même à pourvoir, dans une certaine mesure, à leur subsistance et à celle de leurs chevaux pendant les convocations de courte durée dans le voisinage de leur résidence ou de leur campement.

Le service dans les régiments « hamidié » est obligatoire depuis l'âge de 17 ans jusqu'à celui de 40 ans. Durant ces 23 années, les hommes appartiennent successivement à trois catégories :

1re catégorie : des *recrues* ou *commençants* (*éfrad i ibtidayé*), comprenant les jeunes gens de 17 à 20 ans;

2e catégorie : des soldats *actifs* ou *réguliers* (*éfrad i nizamié*), comprenant les hommes de 20 à 32 ans;

3e catégorie : des *réservistes* (*éfrad i rédifé*), dans laquelle les cavaliers « hamidié » passent leurs huit dernières années de service.

Les hommes des deux premières catégories ne peuvent s'éloigner de leur résidence sans une autorisation du commandant de leur régiment.

Les *recrues* sont exercées pendant un mois chaque année. Les hommes de la 2e catégorie, outre les exercices auxquels ils peuvent être astreints dans leurs résidences, exercices dont le règlement ne spécifie ni la durée ni la nature, doivent être convoqués tous les trois ans pour prendre part à des manœuvres d'une durée de deux mois. L'instruction donnée pendant ces convocations doit porter sur les manœuvres de l'escadron et du régiment, ainsi que sur le service de la cavalerie en campagne; le règlement prescrit également d'exercer les cavaliers au transport des fantassins en croupe.

Les *réservistes* (hommes de la 3e catégorie) ne peuvent être convoqués, en temps de paix, qu'en cas de nécessité.

Droits et devoirs des cavaliers « hamidié ».

Les cavaliers des régiments « hamidié » ne reçoivent, naturellement, aucune allocation de l'Etat, hors du temps des convocations, mais ils sont exempts de tout impôt, sauf de la dîme et de la taxe sur les moutons. Ils doivent, comme nous l'avons déjà fait remarquer, se procurer et entretenir à leurs frais les effets d'habillement, d'équipement et de harnachement, ainsi qu'une monture propre au service militaire. L'État fournit seulement les armes et les munitions, qui ne sont, d'ailleurs, remises aux hommes que lors des convocations, et sont, en temps ordinaire, conservées, ainsi que les étendards des régiments, dans les dépôts de rédif.

Les cavaliers des deux premières catégories doivent être constamment pourvus d'une monture en bon état, de manière à être prêts à marcher au premier appel.

Les hommes de la 3e catégorie sont dispensés de cette obligation, mais ils doivent se procurer un cheval dès que les deux catégories précédentes ont été convoquées.

Il est prescrit aux administrations locales d'accorder aux tribus toutes les facilités possibles en vue de l'amélioration des races de chevaux; on doit, notamment, leur céder gratuitement des étalons de bonne race appartenant à l'État.

Lors des convocations pour des exercices de courte durée, dans le voisinage de la résidence ou du campement des hommes appelés, ceux-ci reçoivent seulement une indemnité en argent et doivent pourvoir à leur nourriture et à celle de leurs chevaux. Dans les autres cas, les cavaliers ont droit, pendant la durée de la concentration ou de la mobilisation, aux rations de vivres, dans les mêmes conditions que les soldats de l'armée active, et leurs chevaux sont nourris aux frais de l'État.

Le règlement d'organisation de la cavalerie « hamidié » prescrit que les habitants mâles, appartenant aux tribus auxquelles il s'applique, et âgés de 17 à 40 ans, doivent être inscrits sur des registres confiés à la garde des commandants de régiment ou d'escadron (pour les escadrons isolés). Des copies de ces registres sont remises aux commandants des bataillons de rédif dans la circonscription desquels habite la tribu, au commandant supérieur de la cavalerie « hamidié » et au commandant du corps d'armée.

On voit que, contrairement à ce qui a lieu pour l'armée active et les différentes réserves, les commandements de rédif n'ont pas à intervenir dans le recrutement des régiments « hamidié », et se bornent à recevoir communication des contrôles dressés par les chefs mêmes des régiments.

Les membres des tribus, compris dans les limites d'âge spécifiées par la loi, qui ne figureraient pas sur les contrôles des régiments « hamidié », seraient soumis à la loi militaire commune.

Les cavaliers devant se pourvoir eux-mêmes de leurs effets d'habillement, conservent, comme uniforme, le costume national de leur tribu, mais tous les vêtements doivent être confectionnés d'après un modèle arrêté pour chaque régiment.

Il en est de même du harnachement.

Les cavaliers « hamidié » doivent être armés de la lance et de la carabine Mauser à répétition.

Cadres.

Les cadres supérieurs des régiments « hamidié » sont composés, partie d'officiers de l'armée active, détachés dans ces régiments, et partie d'officiers indigènes.

Ces derniers sont choisis parmi les chefs de tribu et les membres des familles notables ou bien parmi les cavaliers désignés par leurs aptitudes au choix des commandants de régiments. D'après le règlement, deux soldats de chaque régiment, possédant les qualités nécessaires, doivent être envoyés chaque année à Constantinople, pour servir, pendant deux ans, comme sous-officiers, dans un régiment de cavalerie de l'armée active, et rentrer ensuite dans leurs tribus avec le grade de sous-lieutenant, ou même de lieutenant, dans le cas où ils auraient été investis du premier grade au cours de leur stage dans l'armée active.

Chaque régiment « hamidié » doit également envoyer un cavalier pour suivre les cours de l'École militaire.

Les jeunes gens appartenant à cette catégorie sont promus lieutenants à leur sortie de l'école.

Les officiers indigènes qui serviraient pendant trois ans dans un régiment de l'armée active et satisferaient ensuite à un examen d'aptitude, recevraient un diplôme les assimilant, dans une certaine mesure, aux officiers actifs. Les officiers diplômés auront droit, *en tout temps*, à la solde entière de leur grade (mais non aux rations) et seront préférés aux autres pour l'avancement aux grades supérieurs.

Les officiers indigènes non diplômés reçoivent, en temps ordinaire, le quart de la solde de leur grade, sans rations.

Lors des manœuvres pendant lesquelles le régiment s'éloigne des campements de la tribu, ainsi qu'en cas de mobilisation, tous les officiers ont droit à la solde entière et aux rations de leur grade.

Composition des régiments.

La cavalerie « hamidié » est organisée en régiments comprenant chacun de 4 à 6 escadrons. L'escadron se divise en 4 pelotons de 32 hommes au minimum et de 48 au maximum. L'effectif d'un escadron peut donc varier de 128 à 192 cavaliers, et celui d'un régiment, de 512 à 1152.

Les régiments, comme nous l'avons déjà fait remarquer, sont organisés par tribus ; le règlement prohibe l'incorporation dans un même régiment d'hommes de tribus différentes.

Si une tribu n'était pas assez nombreuse pour constituer un régiment entier, elle formerait un, deux ou trois escadrons, qui, seulement lors des manœuvres d'ensemble ou en cas de mobilisation, pourraient être rattachés à un régiment ou groupés avec d'autres escadrons isolés.

L'état-major d'un régiment « hamidié » comprend : un colonel (ou un lieutenant-colonel) commandant le régiment, un lieutenant-colonel, deux majors, un adjudant-major, un sous-lieutenant porte-étendard, un secrétaire de régiment, un secrétaire adjoint, un imam.

L'escadron possède, comme officiers, un capitaine en premier, un capitaine en second, deux lieutenants et deux sous-lieutenants.

Pendant la période d'organisation tout au moins, les commandants de régiment et d'escadron doivent être des officiers de l'armée active. Les autres emplois sont, autant que possible, confiés à des officiers indigènes. Les chefs des tribus ayant formé un régiment reçoivent le grade de lieutenant-colonel ; ceux des tribus moins nombreuses ont droit aux grades de major, adjudant-major ou capitaine en second, selon que leur tribu a formé trois, deux ou un seul escadron.

Exceptionnellement, le chef d'une tribu ayant formé un régiment, pourra être nommé colonel, à titre de récompense pour des services rendus à l'Etat, à condition, toutefois, qu'il possède une aptitude suffisante. Dans ce cas, le lieutenant-colonel, auquel incombera spécialement la direction de l'instruction militaire du régiment, devra être un officier de l'armée active.

État actuel de la cavalerie « hamidié ».

L'organisation de la cavalerie « hamidié » a été commencée en 1892. Trente-trois régiments figurent sur l'*Annuaire militaire* pour l'année financière 1309 (1893-94), avec leurs cadres au complet.

Ces régiments ont été formés avec les tribus kurdes qui habitent les vilayets d'*Erzeroum*, *Van* et *Bitlis*, sur le territoire du 4e corps d'armée. Ils sont numérotés de 1 à 35, les nos 32 et 33 faisant défaut.

Les 1er, 18e et 19e régiments comptent cinq escadrons,

le 35e, six, et tous les autres, quatre, soit un total de 137 escadrons.

Tous ces régiments sont placés sous le commandement supérieur d'un général de division, subordonné lui-même au commandant en chef du 4e corps, et assisté seulement de deux généraux de brigades, l'embrigadement de la cavalerie « hamidié » n'étant pas encore régulièrement organisé.

Vingt-deux autres régiments, comprenant 93 escadrons, ont dû être organisés postérieurement avec les contingents des tribus kurdes n'ayant pas participé à la première formation et de certaines tribus arabes habitant sur les territoires des 5e et 6e corps (vilayets d'Alep et de Mossoul).

On a, d'ailleurs, l'intention d'étendre peu à peu cette organisation à toutes les tribus arabes de la Turquie d'Asie, et peut-être même à celles de la Tripolitaine; mais l'exécution de ce projet rencontrera probablement plus de difficultés. Quoi qu'il en soit, quand bien même l'organisation de la cavalerie « hamidié » resterait incomplète, elle n'en fournirait pas moins à l'armée turque en campagne, au moins cinquante régiments composés de soldats vigoureux, excellents cavaliers, bien montés, et suppléant, par les qualités guerrières propres à leur race, à ce qui peut leur manquer au point de vue de l'instruction militaire et de la discipline.

XI. — Gendarmerie.

La gendarmerie ottomane, dont le service est semblable à celui des corps de même nature dans les autres États européens et notamment en France (1), est un corps mili-

(1) Remarquons seulement que, dans certaines villes importantes de l'Asie Mineure où ne réside aucun corps de troupe de l'armée active,

taire dépendant du Ministère de la Guerre, bien que mis à la disposition des autorités civiles en ce qui concerne son service spécial (1). Une direction jouissant d'une certaine autonomie (*Jandarma-Daïrési* ou *Zabthié-Daïrési*) est chargée, au Ministère de la Guerre, des affaires concernant la gendarmerie.

Les gendarmes (*zabthié*) sont recrutés par engagement volontaire. Ils reçoivent de l'État l'habillement, l'armement et les vivres, mais les gendarmes à cheval doivent se procurer eux-mêmes leur monture ainsi que le harnachement ; ils reçoivent, à cet effet, un supplément de solde.

Le corps de la gendarmerie est formé en régiments, subdivisés en bataillons, et ceux-ci en compagnies, les unes à pied, les autres à cheval.

Un régiment de gendarmerie (*jandarma alayi*) est affecté à chaque vilayet, ainsi qu'aux sandjaks de Jérusalem et de Zor. Deux régiments sont chargés du service de la capitale et de sa banlieue (y compris les sandjaks de Tchataldja et d'Ismid). Le nombre des bataillons d'un régiment et des compagnies d'un bataillon varie selon les circonstances locales. Il existe assez ordinairement un bataillon par sandjak, mais sans qu'il y ait, sur ce point, de règle précise. Dans certains bataillons, une compagnie (*tahsildar beuluyu*) est spécialement affectée au service du recouvrement des impôts. L'effectif des compagnies, assez variable d'ailleurs, est, en moyenne, de 50 à 75 hommes.

Les cadres supérieurs de la gendarmerie sont constitués en partie par des officiers de l'armée et en partie par un corps d'officiers spécial dans lequel les grades,

---

c'est à la gendarmerie qu'incombent les services qui reviendraient normalement à la garnison.

(1) A cet égard, la gendarmerie dépend principalement du *directeur général de la police* (*zabthié naziri*).

tout en correspondant à ceux de la hiérarchie générale, reçoivent des dénominations particulières : *alaï-beyi* (colonel), *thabour-aghasy* (major), *beuluk-aghasy* (capitaine), *beuluk-aghasy muavini* (lieutenant).

L'état-major d'un régiment se compose d'un colonel, commandant, et d'un officier d'administration (*idaré émini*) ; celui d'un bataillon comprend le major, commandant, et un comptable (*hysab emini*). Les cadres d'une compagnie sont formés de deux ou trois officiers (y compris le capitaine commandant la compagnie) et d'un nombre variable de sous-officiers.

D'après l'Annuaire militaire pour l'année financière 1309 (1893-94), il existait à cette époque dans tout l'empire, 34 régiments de gendarmerie comprenant 134 bataillons et 649 compagnies (dont 412 à pied et 237 à cheval). Ces unités se répartissaient entre les vilayets de la manière suivante :

RÉGIMENTS.	NOMBRE DE			
	BATAILLONS.	COMPAGNIES		
		à pied.	à cheval.	TOTAL.
Constantinople (ville)	5	20	3	23
— (banlieue)	4	7	7	14
Vilayet d'Andrinople	7	39	5	44
— de Salonique	4	19	6	25
— de Ianina	4	19	2	21
— de Monastir	5	27	6	33
— de Kossovo	5	18	6	24
— de Scutari d'Albanie	3	13	2	15
— de Crète	5	20	5	25
— de l'Archipel	3	8	1	9
Total pour la Turquie d'Europe	45	190	43	233

RÉGIMENTS.	NOMBRE DE BATAILLONS.	COMPAGNIES à pied.	COMPAGNIES à cheval.	COMPAGNIES TOTAL.
Vilayet d'Aïdin	6	20	9	29
— d'Adana	4	5	6	11
— d'Angora	3	4	5	9
— de Sivas	4	4	4	8
— de Konié	3	4	6	10
— de Khodavendguiar	5	11	7	18
— d'Erzéroum	3	6	9	15
— de Kastamouni	2	4	3	7
— de Trébizonde	3	9	3	12
— de Van	3	8	9	17
— de Bitlis	4	10	9	19
— de Diarbékir	4	12	6	18
Sandjak de Jérusalem	1	2	3	5
Vilayet de Bagdad	6	15	24	39
— de Bassora	4	9	9	18
— d'Alep	5	10	17	27
— de Syrie	5	11	12	23
— de Beyrout	4	6	7	13
— de Mossoul	3	11	16	27
— de Mamouret ul 'Aziz	5	12	9	21
Sandjak de Zor	1	2	4	6
Total pour la Turquie d'Asie	78	175	177	352
Arabie { Vilayet du Yémen	4	29	5	34
Arabie { — du Hedjaz	5	11	11	22
Tripolitaine	2	7	1	8
Report de la Turquie d'Europe	45	190	43	233
TOTAL GÉNÉRAL	134	412	237	649

XII. — Grande Maitrise de l'Artillerie.

Attributions et organisation générale.

La *Grande Maîtrise de l'Artillerie* (*Thop-khané i 'amiré daïrési*) (1) constitue un service complètement indépendant dont le chef (*Thop-khané i 'amiré muchiri*) a rang de ministre et siège au Conseil privé.

Le Grand Maître de l'Artillerie est actuellement le maréchal *Mustafa Zekki Pacha*, qui remplit en même temps les fonctions de Directeur général des Écoles militaires.

Les attributions de la Grande Maîtrise de l'Artillerie embrassent : l'administration des établissements techniques de l'armée, la fourniture des armes et des munitions, la construction, l'entretien et l'armement des fortifications des détroits, des côtes et des îles de la mer Égée et de la mer Noire, l'administration des troupes du génie et d'artillerie de forteresse affectées à ces ouvrages, ainsi que de l'école de l'Artillerie et du Génie (*Muhendis-khané*).

L'idée de réunir sous une même direction tous les services relatifs aux fortifications et à l'armement est assurément très rationnelle ; elle est de nature à résoudre la plupart des difficultés que présentent dans d'autres armées les rapports entre les services de l'artillerie et du génie. Cependant l'organisation turque ne répond pas entièrement au but qu'elle semble s'être proposé. On s'explique difficilement, par exemple, l'utilité qu'il

---

(1) Littéralement, *administration de l'arsenal* (*thop-khané*) *impérial*. Le mot *'amir* (fem. *'amiré*) que nous traduisons ici par *impérial*, signifie exactement riche, bien pourvu, bien tenu. Il s'emploie, d'une manière générale pour désigner les établissements de l'État, par exemple, *khaziné i 'amiré*, le trésor public, *barout-khané i 'amiré*, poudrerie impériale, etc.

peut y avoir à rendre l'administration de *Thop-khané* complètement indépendante du ministère de la guerre, car cette séparation ne peut qu'être la cause de complications et de conflits. En outre, la zone d'action de la Grande Maîtrise ne semble pas délimitée d'une façon rationnelle, ainsi qu'on a pu s'en rendre compte par l'énumération de ses attributions. Une partie des places fortes et des troupes d'artillerie de forteresse lui échappe, et l'on vient encore de compliquer, dans un autre sens, cette situation, en plaçant sous l'autorité du Grand Maître une partie des troupes d'artillerie de campagne du corps de la Garde.

Les principaux organes de la Grande Maîtrise de l'Artillerie sont : le *Conseil de Thop-khané* (*Thop-khané i 'amiré medjlisi*), sorte de comité consultatif de l'artillerie et du génie, composé de 2 généraux de division, 2 généraux de brigade et 10 officiers supérieurs (y compris un médecin et un vétérinaire) ; la *Commission d'expériences* (*tedjrubé vé mou'ayéné komisionou*) ; la *Commission des bâtiments* (*ebnia komisionou*) ; enfin le *Conseil de guerre permanent de Thop-khané* (*Thop-khané i 'amiré divan i harb i daïmisi*), tribunal militaire supérieur pour les ressortissants de la Grande Maîtrise de l'Artillerie.

Les bureaux de l'administration centrale n'occupent qu'un personnel restreint, 22 employés civils attachés au service de la chancellerie générale, de la comptabilité, des archives, etc.

Établissements.

De la Grande Maîtrise dépendent de nombreux établissements dont quelques-uns ont une grande importance.

Le plus considérable est l'*Arsenal* (*Thop-khané*) de

Constantinople, qui a donné son nom au service tout entier. Il est situé sur la rive du Bosphore, au-dessous de Péra.

L'Arsenal comprend trois services distincts, sans compter les différents dépôts de matériaux bruts, de matériel confectionné, d'armes, etc. Ces services sont :

1° La *Manufacture d'armes* (*tufenk-khané*) qui se divise en 9 sections chargées respectivement de la fabrication des mécanismes de culasses, des canons, des montures, des garnitures, des hausses et des pièces s'y rapportant, de l'ajustage des culasses aux canons, du montage, des épreuves et de l'emballage ;

2° L'*Atelier d'artillerie* (*thop fabrikasy*), où s'effectue l'usinage des tubes en bronze provenant de la fonderie de Zeïtoun-Bourounou, et des tubes en acier fournis par l'usine Krupp, ainsi que la fabrication des culasses mobiles, des hausses et des pièces accessoires. On y fabrique également les torpilles destinées à la défense des côtes ;

3° L'*Atelier de fabrication des affûts* (*koundaq fabrikasy*) chargé également de la confection des diverses voitures de l'artillerie et du train.

Les autres établissements sont :

1° La *fonderie* (*deukmé-khané*) *de Zeïtoun-Bourounou*, destinée principalement à la fabrication des canons et des mortiers en bronze, mais organisée depuis 1887 en vue de la production des tubes en acier. Les différentes sections de cet établissement sont : la forge, munie de 13 grands marteaux-pilons de diverses forces, l'atelier de laminage, les appareils pour la trempe, la fonderie des canons, la fonderie des pièces mécaniques, enfin un atelier de fabrication des armes blanches ;

2° Les *Poudreries* (*barout-khané*) de *Makrikeuï* et d'*Azatly* ;

3° Les *Fabriques de salpêtre* (*guhertchilé fabrikalary*) de *Konié* et de *Kaïsarié ;*

4° La *Cartoucherie* (*fichenk-khané*) de *Kyrk-Agatch ;*

5° Le *Dépôt d'armes* de *Matchka.*

Ces différents établissements sont généralement bien montés et munis de machines et d'appareils répondant aux derniers perfectionnements. Cependant la Turquie n'a pas encore pu se rendre complètement indépendante de l'étranger en ce qui concerne la construction de son matériel de guerre, et, comme nous le verrons plus loin, c'est en Allemagne que se fabriquent les fusils destinés au réarmement de l'armée ottomane. Une commission composée d'officiers de la Grande Maîtrise de l'Artillerie est chargée de la surveillance de cette fabrication et de la réception des armes.

En outre des établissements que nous venons d'énumérer, l'administration de Thop-khané possède encore une imprimerie et une usine à gaz.

Le service sanitaire des troupes de la Grande Maîtrise de l'Artillerie est assuré par les hôpitaux de *Zeïtoun-Bourounou*, de *Liman i Kébir* (ou *Beuyuk Liman*) et de *Gumuch-Souyou.*

Le service des *fortifications* dans les différentes places dépendant de la Grande Maîtrise est placé sous la direction de *commissions des fortifications* (*istihkiam komisionlary*) composées de trois ou quatre officiers sous la présidence d'un colonel ou d'un lieutenant-colonel. Ces commissions sont celles de la mer Blanche ou mer Égée (fortifications des Dardanelles), de la mer Noire (fortifications du Bosphore), de Boulaïr, de Salonique, de Smyrne, de Sinope, de la Crète et de Tripoli de Barbarie.

L'*École de l'Artillerie et du Génie* (*Muhendis-khané*) a

été étudiée en même temps que les autres écoles militaires (1).

Troupes.

Les troupes dépendant de la Grande Maîtrise de l'Artillerie comprennent des ouvriers d'artillerie, des troupes du génie et d'artillerie de forteresse. Elles forment neuf régiments :

1° Les deux *régiments d'ouvriers*, dits *régiments d'instruction* (*Thop-khané i 'amiré sanaï' idadié alaïlary*), à 3 bataillons de 4 compagnies. Ces deux régiments, attachés à l'arsenal de Constantinople, sont placés sous les ordres d'un général de brigade. Les états-majors des régiments et des bataillons ont une composition analogue à celle des régiments d'infanterie. Chaque compagnie possède un capitaine, un premier-lieutenant, un second-lieutenant et un *troisième-lieutenant* (2);

2° Le *Régiment du génie* (*thop-khané i'amiré istihkiam alayi*) comprenant 4 bataillons : 2 bataillons de *sapeurs* (*istihkiam thabourlary*) à 4 compagnies, 1 bataillon de *pontonniers et torpilleurs* (*keuprudju vé thorpédo thabourou*) à 4 compagnies également, et 1 bataillon dit *de défense* (*mouhafézé thabourou*, probablement un bataillon de mineurs) à 5 compagnies, soit en tout 17 compagnies. La plupart des compagnies possèdent comme cadres supérieurs 1 capitaine, 2 premiers-lieutenants et 2 seconds-lieutenants. Ce régiment tient garnison à Constantinople (sauf quelques compagnies détachées) ;

---

(1) Voir page 65.

(2) Le grade de *troisième-lieutenant* (*mulazim-i-salis*) est spécial aux troupes de la Grande Maîtrise de l'Artillerie. Il n'est donné, naturellement, qu'aux officiers sortant des rangs. Dans le tableau de la page 53, les troisièmes-lieutenants ont été comptés avec les seconds-lieutenants.

3° Le *Régiment d'artillerie de forteresse du Bosphore* (*Bahr i siah boghazy* (1) *thopdjy alayi*) à 4 bataillons, dont 2 à 4 compagnies, et 2 à 3, soit 14 compagnies affectées aux ouvrages des deux rives du Bosphore, depuis Constantinople jusqu'à la mer Noire. L'état-major du régiment est à Constantinople ;

4° Les deux régiments des *Dardanelles* (*Bahr i séfid boghazy* (2) *thopdjy alaïlary*) qui occupent les ouvrages de défense de ce détroit, le 1er régiment sur la côte d'Asie, le 2e sur celle d'Europe. Chacun de ces régiments est formé de 4 bataillons à 4 compagnies ;

5° Les deux régiments des *Iles de la mer Blanche* (*Djezaïr i Bahr i séfid thopdjy alaïlary*), c'est-à-dire de l'*Archipel*. Le premier de ces régiments, qui compte 3 bataillons à 4 compagnies, est affecté à la défense des îles de l'Archipel proprement dit, Chio, Mételin, Lemnos, Rhodes, etc. Son état-major est à Smyrne. Le second, formé de 4 bataillons, dont 1 à 4 compagnies et les autres à 3, tient garnison en Crète ;

6° Le régiment des lignes de *Boulaïr* (*Boulaïr istihkiamaty thopdjou alayi*) à 2 bataillons de 4 compagnies.

Les cadres des régiments et des bataillons d'artillerie de forteresse ont à peu près la même composition que ceux des régiments et des bataillons d'infanterie. Les compagnies comptent normalement 1 capitaine, 1 premier-lieutenant et 2 seconds-lieutenants. Le dernier Annuaire ne mentionne pas de troisièmes-lieutenants en dehors des régiments d'ouvriers.

---

(1) Littéralement, détroit de la mer Noire.

(2) Littéralement, détroit de la mer Blanche (mer Égée).

L'effectif de la troupe comporte 100 hommes, en moyenne, par compagnie.

L'Annuaire fait figurer dans les cadres des régiments d'artillerie de forteresse plusieurs officiers généraux : 1° au régiment du Bosphore, 1 général de brigade, et au 1er régiment des Dardanelles, 1 général de division, commandants de la défense de ces deux positions ; 2° au 1er régiment des Dardanelles, ainsi qu'au 2e régiment de l'Archipel, 1 général de brigade commandant chaque groupe de 2 régiments.

Le tableau suivant résume la composition des troupes ressortissant à la Grande Maîtrise de l'Artillerie :

	RÉGIMENTS.	BATAILLONS.	COMPAGNIES.
Artillerie de forteresse du Bosphore	1	4	14
— des Dardanelles	2	8	32
— de l'Archipel	2	7	25
— de Boulaïr	1	2	8
Total de l'artillerie de forteresse	6	21	79
Génie	1	4	17
Ouvriers	2	6	24
TOTAL	9	31	120

Aux corps de troupe qui viennent d'être énumérés, il y a lieu maintenant d'ajouter ceux qui composent la première brigade d'artillerie de campagne rattachée depuis 1893 à la Grande Maîtrise de l'Artillerie. Cette brigade comprend le 1er régiment d'artillerie de campagne, organisé comme *régiment modèle* (*namouné-alaï*), le 2e régiment, et le groupe à cheval du corps de la Garde.

Il existe un projet auquel nous avons fait allusion en parlant des troupes d'artillerie de forteresse dépendant du Séraskiérat, et qui a pour but de réunir en un corps unique toutes les troupes de cette arme. Elles seraient alors groupées en 12 régiments répartis de la façon suivante :

1er et 2e régiments, Bosphore ;
3e et 4e régiments, Dardanelles ;
5e régiment, îles de l'Archipel ;
6e régiment, Crète et Tripolitaine ;
7e et 8e régiments, lignes de Tchataldja ;
9e régiment, lignes de Boulaïr ;
10e régiment, Dédé-Agatch ;
11e régiment, Albanie et Macédoine ;
12e régiment, Erzéroum.

La Grande Maîtrise de l'Artillerie n'intervient en aucune façon dans le service du recrutement; les hommes destinés à être incorporés dans ses corps de troupes lui sont fournis par le Ministère de la Guerre; ils sont, en principe, recrutés sur le territoire des 1er et 2e corps d'armée.

XIII. — ARMEMENT.

Armes portatives.

L'infanterie turque est encore en ce moment armée du fusil *Martini-Henry*, de 11mm,43, arme à bloc, à culasse tombante, sans chien apparent. Ce fusil, qui a fait ses preuves dans la campagne de 1877-78, était, il y a quelques années, l'un des meilleurs connus, tant au point de vue de la précision que de la rapidité du tir. Mais, lorsque les puissances occidentales commencèrent à adopter les armes à tir rapide, la Turquie ne crut pas pouvoir rester en arrière, ni même attendre que l'expérience des autres pays lui permît de se prononcer en toute connaissance de cause sur le choix d'un calibre et d'un système de répétition.

Cette trop grande hâte a eu, en définitive, pour résultat d'entraver le réarmement de l'armée turque, qui, commencé en 1888, n'est pas encore terminé.

Le modèle adopté primitivement (modèle 87) était le *Mauser* de 9mm,5, analogue comme disposition au fusil prussien modèle 1871, dont il différait cependant par le calibre et par l'existence, sur le cylindre, d'un double renfort rendant l'action du recul symétrique par rapport à l'axe de l'arme. Le système de répétition consistait en un magasin placé sous le canon et contenant 8 cartouches.

L'usine Mauser, d'Oberndorf sur le Neckar, reçut, en conséquence, une commande de 500,000 fusils de ce modèle.

Mais, en 1890, alors que 220,000 de ces armes avaient été déjà livrées, on reconnut les avantages d'un calibre plus réduit, et il fut décidé que le reste de la commande, soit 280,000 armes, serait fourni en fusils de 7mm,65, d'un modèle analogue à celui qu'avait adopté l'armée belge peu de temps auparavant. Cette dernière arme est à chargeur, comme le Mannlicher et possède, par conséquent, un système de chargement plus commode et plus rapide que le fusil modèle 1887. Le chargeur, qui contient 5 cartouches, se compose d'une simple lame rectangulaire en acier, dont les bords (dans le sens de la longueur) sont repliés deux fois, de façon à s'engager dans la gorge ménagée autour du culot de la cartouche, qui ne porte pas de bourrelet. Le chargeur n'est pas introduit dans le magasin en même temps que les cartouches ; celles-ci pourraient même être placées directement dans le magasin, sans faire usage du chargeur. Cette disposition a permis de fermer le magasin à sa partie inférieure, tandis que, dans plusieurs autres armes de même système, il doit rester ouvert pour permettre au chargeur de s'échapper quand il est vide. Le fusil ottoman est ainsi moins exposé à s'endommager, par suite de l'introduction de poussière ou de terre dans le magasin. L'arme du modèle ottoman diffère de son prototype belge par l'absence du manchon en acier qui, dans ce dernier comme dans le fusil allemand, enveloppe le canon et porte la hausse et le guidon.

Voici les principales données numériques relatives aux fusils des trois modèles qui constituent actuellement l'armement réglementaire des troupes turques :

		Mauser.	
	Martini.	Modèle 1887.	Modèle 1890.
Calibre	11mm,43	9mm,5	7mm,65
Nombre de rayures	7	4	4
Profondeur des rayures	0mm,177	0mm,15	0mm,125
Longueur du canon	840mm	772mm	740mm
Longueur de la partie rayée	778mm	761mm,6	728mm,3
Longueur totale du fusil	1m,257	1m,255	1m,235
Poids du fusil	3kg,970	4kg,270	3kg,900
Poids de la cartouche	49gr,12	36gr	27gr
Longueur de la cartouche	79mm,5	75mm,5	78mm
Charge de poudre	5gr,5	4gr,5	2gr,65
Poids de la balle	32gr,26	18gr,4	13gr,8
Longueur de la balle	31mm,1	26mm,8	30mm,8
Poids d'un chargeur vide	»	»	6gr
Poids d'un chargeur contenant 5 cartouches	»	»	141gr
Vitesse initiale	416m	536m	652m

En dehors des modèles précités, il existe encore en Turquie des approvisionnements de fusils plus anciens, *Remington*, *Snider*, *Winchester*, etc. En résumé, les ressources en armement dont l'armée ottomane pourrait disposer, en cas de besoin, comprennent :

250,000 fusils de modèles divers antérieurs au Martini (Snider de 15^{mm}, Winchester de 10^{mm},8, Remington de 11^{mm}) ;

500,000 Martini-Henry de 11^{mm},43 (1) ;

220,000 Mauser, modèle 1887, de 9^{mm},5 ;

Environ 100,000 Mauser, modèle 1890, de 7^{mm},65, ce dernier nombre devant être porté à 280,000 lorsque les armes commandées auront été complètement livrées.

Actuellement encore, le Martini est seul entre les mains des fantassins turcs ; les Mauser des deux modèles restent en magasin au dépôt central de *Matchka*, près de Constantinople.

Il est à peine nécessaire de faire remarquer les inconvénients que présenteraient, dans le cas d'une entrée en campagne, l'existence de deux calibres différents pour les armes de nouveau modèle, situation que compliquerait encore le maintien en service du Martini, au moins pour une partie des troupes.

On a cherché dernièrement à apporter une simplification partielle à cet état de choses en transformant le Martini en fusil de petit calibre, de manière à lui permettre de tirer les cartouches du Mauser modèle 1890. Cette tentative ne paraît pas avoir réussi jusqu'à présent, et l'on sera sans doute amené, quand on se décidera à mettre en service les nouvelles armes, à répartir les différents modèles d'après les régions ; les corps d'armée d'Europe seraient pourvus du fusil le plus perfectionné, le modèle 1890, les troupes des 4e et 5e régions, du Mauser 1887, le Martini étant laissé aux corps qui resteraient le plus vraisemblablement éloignés du théâtre de guerre européen.

L'approvisionnement en munitions comporte actuelle-

(1) 60,000 de ces fusils sont complètement neufs ; environ 360,000 ont servi pendant la campagne de 1877-1878.

ment, pour le fusil Martini, environ 4,000 cartouches par arme; pour le Mauser modèle 1887, 93 millions et demi de cartouches, soit 425 par arme; enfin, pour le fusil modèle 1890, 50 millions de cartouches. Ce dernier chiffre représentant à peine 200 cartouches par fusil, il sera certainement augmenté ultérieurement, mais on voudra sans doute auparavant arrêter définitivement le choix d'une poudre sans fumée, le type des munitions constituant l'approvisionnement actuel n'étant considéré que comme provisoire. Des essais sont faits depuis plusieurs années avec des poudres de différentes origines, française, allemande, autrichienne et même turque, mais il ne paraît pas encore avoir été pris de décision à ce sujet. L'intention du Gouvernement turc, une fois le type de poudre définitivement choisi, serait de faire fabriquer dans le pays les munitions du fusil modèle 1890, qui, jusqu'à présent, venaient exclusivement d'Allemagne.

A chacun des modèles de fusils dont il vient d'être question correspond un modèle différent de *sabre-baïonnette*. Celui du Martini, dont la lame a une longueur de 52 centimètres, est assez semblable à l'épée-baïonnette du fusil français modèle 1874. Le sabre-baïonnette du Mauser, modèle 1887, est un peu plus court; sa lame n'a que 47 centimètres. Quant au Mauser modèle 1890, au lieu du couteau-baïonnette à lame de 25 centimètres, dont il est muni en Belgique, on a adopté, en Turquie, un sabre-baïonnette à lame de 46 centimètres, construit d'après le modèle japonais.

La *cavalerie* est armée en partie de carabines Martini et en partie de carabines Winchester à répétition. Dans le régiment Erthogroul et dans un régiment par corps d'armée, les cavaliers sont, en outre, munis de lances.

Une commande de 50,000 carabines à répétition a été

faite à l'usine Mauser en même temps que celle des fusils. Six mille de ces armes ont été fabriquées d'après le modèle 1887, et les autres seront vraisemblablement livrées dans les conditions nouvelles adoptées pour le fusil d'infanterie.

Matériel d'Artillerie.

L'artillerie de campagne turque est armée de canons *Krupp* en acier, semblables, en ce qui concerne la construction et le mode de fermeture de la culasse (à coin cylindro-prismatique), aux pièces en usage dans l'armée allemande.

Les batteries de campagne possèdent des pièces de deux calibres : 87 millimètres pour les batteries montées et 75 millimètres pour les batteries à cheval.

Voici les principaux éléments numériques de ces pièces :

	Canon de 75mm.	Canon de 87mm.
Poids de la pièce	300kg	450kg
Longueur totale du tube	2m,00	2m,100
Charge de poudre	1kg,000	1kg,500
Poids de l'obus ordinaire	4kg,300	6kg,210
Longueur de l'obus ordinaire	185mm	215mm
Poids de l'obus à balle	4kg,355	7kg,100
Longueur de l'obus à balle	153mm	188mm
Nombre de balles	85	180
Vitesse initiale moyenne	460m	465m
Limites du pointage en portée	— 8° à + 24°	
Poids de l'affût avec les accessoires	460kg	515kg

L'approvisionnement existant en pièces des deux calibres est suffisant pour armer les batteries de campagne actuellement organisées.

L'armement normal des *batteries de montagne* est constitué par un canon de même système que les précédents, mais du calibre de 69 millimètres. Quelques batteries, cependant, sont encore pourvues de canons *Whitworth*, de 7 centimètres, se chargeant par la bouche.

Le Gouvernement turc a acquis récemment à l'usine Krupp, 72 obusiers de 12 centimètres, destinés, paraît-il, à l'armement de 12 batteries de campagne (1).

L'artillerie de place et de siège comprend un grand nombre de pièces de systèmes et de calibres différents. Nous en parlerons en traitant des fortifications. Remarquons seulement que les pièces de gros calibre de modèles récents proviennent, pour la plupart, comme les pièces de campagne, de l'usine Krupp, mais que, dans ces dernières années, des expériences ont été faites, à diverses reprises, avec des pièces provenant d'usines françaises.

XIV. — Uniformes et insignes.

Uniformes.

La tenue de l'armée turque, si l'on en excepte le fez qui constitue la coiffure de la plus grande partie des officiers et des soldats, est imitée de celles des armées occidentales ; certains détails rappellent les uniformes allemands, tandis que d'autres paraissent avoir été copiés sur ceux de l'armée française.

Les troupes d'*infanterie* portent une tunique à un seul rang de boutons, en drap bleu foncé, et un pantalon de même couleur. La tunique est garnie de pattes d'épaules en drap portant le numéro du régiment.

Les pattes d'épaules ainsi que les écussons du col, les

---

(1) Voir page 107.

pattes des parements et le passepoil qui orne le pantalon sont de couleur rouge pour les régiments de ligne, et verte pour les bataillons de chasseurs.

Les officiers subalternes portent une tunique longue, en drap bleu foncé, fermée sur la poitrine par deux rangées de boutons se dirigeant obliquement vers les épaules. (C'est exactement le vêtement dit *Interim*, que portent en tenue de ville les officiers allemands). Le pantalon est semblable à celui de la troupe.

Le même uniforme est porté par les officiers supérieurs en petite tenue ; mais, en grande tenue, ils remplacent le vêtement décrit ci-dessus, par une tunique à un seul rang de boutons dont le col et les parements sont garnis de broderies dorées sur fond rouge pour l'infanterie de ligne, et vert pour les chasseurs.

La coiffure des officiers et des hommes de troupe de l'infanterie est le fez.

Les régiments de *zouaves* portent une tenue toute spéciale, inspirée du costume national. Elle se compose d'une veste et d'un gilet tout à fait semblables à ceux de nos zouaves et d'un pantalon de forme turque, très large au fond et se rétrécissant successivement de manière à se terminer au bas de la jambe en forme de guêtre. Ce pantalon est bleu pour le régiment de zouaves à fez, et rouge pour celui des zouaves à turban. Ces derniers portent autour du fez le turban vert.

Les officiers des régiments de zouaves portent la même tenue que ceux de l'infanterie de ligne.

La chaussure des troupes à pied est la demi-botte, sauf dans les régiments de zouaves, dont les soldats portent des souliers et des guêtres en cuir ou en toile, analogues aux modèles en usage dans l'armée française.

L'uniforme de la *cavalerie* se compose d'une tunique

bleu foncé à un seul rang de boutons (de métal blanc), et d'une culotte grise à large bande rouge. Les hommes de troupe comme les officiers portent des bottes à l'écuyère. Les tuniques des soldats sont garnies de pattes d'épaules en chaînettes de métal.

La coiffure de la cavalerie est un talpak en peau de mouton noire.

La tunique de grande tenue des officiers supérieurs ne se distingue de celle de petite tenue que par les broderies du col et des parements.

Les officiers et cavaliers du régiment *Erthogroul* portent une tunique à deux rangs de boutons et un pantalon bleu à bande rouge.

Un autre régiment du 1er corps (l'un de ceux qui sont armés de la lance) porte une tunique d'un modèle spécial, ressemblant à celle des ulans prussiens et garnie comme elle de contre-épaulettes à tournantes métalliques.

La tenue de l'*artillerie* comprend un dolman à trois rangs de boutons réunis par des tresses noires, à col et parements écarlates, tout à fait semblable à celui de l'artillerie française. Le pantalon et la coiffure sont les mêmes que pour la cavalerie. Les hommes montés portent la botte à l'écuyère, les hommes à pied, la demi-botte du modèle de l'infanterie.

Les officiers supérieurs ont, pour la grande tenue, un dolman orné de broderies au col et aux parements.

Le *génie* porte une tenue semblable à celle de l'infanterie, mais avec le bleu comme couleur distinctive.

Les *généraux* ont, en grande tenue, une tunique semblable à celle des officiers supérieurs d'infanterie, avec col et parements brodés en or sur fond rouge.

En petite tenue, ils portent la tunique ou le dolman

de l'arme qu'ils commandent. Le pantalon, orné d'une double bande et d'un passepoil rouge, est gris pour les généraux de cavalerie et d'artillerie, et bleu foncé pour les autres.

La coiffure est toujours le fez.

Les officiers d'état-major ont la même tenue que les officiers d'infanterie, dont ils se distinguent par les emblèmes brodés aux angles du col et représentant des faisceaux d'armes et de drapeaux.

Les médecins et pharmaciens portent également la tenue de l'infanterie; leur signe distinctif est constitué par le col et les parements de la tunique qui sont en velours rouge pour les médecins, et vert pour les pharmaciens.

Les officiers portent ordinairement comme manteau un caban bleu foncé à capuchon, semblable à celui qui a été autrefois en usage dans l'armée française. Il se ferme au moyen d'olives en or, en soie rouge ou en soie noire, dont la disposition sert à distinguer les grades.

Le manteau réglementaire est une capote en drap bleu foncé, à deux rangs de boutons et à col rabattu. Le manteau de troupe a la même forme, quoique un peu plus ample et plus long.

Insignes des grades.

Les grades des officiers sont distingués sur le manteau par des pattes d'épaule, sur la tunique ou le dolman par des galons.

Les pattes d'épaule sont plates, rectangulaires, en drap et bordées de galons d'or ou de tresses noires suivant les grades. Celles des officiers généraux sont bordées de deux galons d'or et celle des officiers supérieurs d'un seul. Les différents grades sont distingués par des étoiles, 3 pour le maréchal et le colonel, 2 pour le général de division et le lieutenant-colonel, une pour le général de brigade et le major.

Les pattes des autres officiers, simplement bordées de tresses noires, portent 2 étoiles dorées pour l'adjudant-major, une en or et une en argent pour le capitaine, une seule en or pour le premier-lieutenant, une en argent pour le second-lieutenant.

L'*intendant de régiment* (*alaï-émini*) porte la patte d'épaules d'officier supérieur sans étoiles, les *secrétaires de régiment* et *de bataillon* celles d'officier subalterne, avec 3 étoiles en argent pour le premier, et 2 pour le second.

Les galons des officiers généraux sont disposés en forme de trèfle sur la tunique de grande tenue et sur le vêtement de petite tenue pour ceux qui portent l'uniforme de la cavalerie ou de l'artillerie; les galons des officiers supérieurs et subalternes de cavalerie et d'artillerie sont en forme de chevrons, bordant la partie supérieure du parement. Pour les officiers portant la tunique d'infanterie (y compris les généraux en petite tenue), les galons sont disposés verticalement sur le parement, dans le sens de la longueur de la manche.

Le trèfle des officiers généraux est formé de 4 galons d'or pour le maréchal, 3 pour le général de division, 2 pour le général de brigade.

Sur la tunique de petite tenue (modèle de l'infanterie), les officiers généraux portent 4 galons d'or verticaux traversés obliquement par d'autres galons, au nombre de 4, 3 ou 2 suivant les grades.

Pour les officiers supérieurs et subalternes, le nombre et la nature des galons sont les mêmes pour un grade donné, quelle que soit leur disposition.

Les différents grades sont distingués de la manière suivante :

Colonel, 4 galons en or;
Lieutenant-colonel, 4 galons : les 2 extrêmes en or, les 2 du milieu en argent;
Major, 3 galons en or;
Adjudant-major, 2 galons en or;
Capitaine, 2 galons, dont 1 en or et 1 en argent;
Premier-lieutenant, 1 galon en or;
Second-lieutenant, 1 galon en argent;
Intendant de régiment, 3 galons : les 2 extrêmes en or, celui du milieu en argent;
Secrétaire de régiment, 3 galons en argent;
Secrétaire de bataillon, 2 galons en argent.

Les officiers généraux, les officiers d'état-major, d'infanterie, du génie, et du régiment de cavalerie Erthogroul portent sur la tunique des épaulettes semblables à celles des officiers allemands, sans franges, pour les officiers subalternes, à franges souples pour les officiers supérieurs, à gros grains pour les généraux.

Des étoiles placées sur ces épaulettes de la même manière que sur les pattes du manteau différencient les grades.

Pour les officiers de cavalerie (le régiment Erthogroul excepté) et d'artillerie, les épaulettes sont remplacées par des tresses dorées ou argentées.

Les officiers du corps de santé portent des pattes d'épaule en velours (rouge ou vert suivant la spécialité), brodées d'or.

Les grades et emplois des *sous-officiers* sont distingués par des chevrons portés sur la partie supérieure du bras gauche, la pointe en haut (comme les chevrons d'ancienneté de service des caporaux et soldats, en France).

Ces chevrons sont en soie de la couleur distinctive du corps (vert pour les chasseurs, bleu pour le génie, rouge pour les autres corps). Le sergent-major en porte 4, le sergent 3, le fourrier (*beuluk émini*), 2, et le caporal, un seul.

Drapeaux.

Le drapeau de l'Empire ottoman est rouge et porte au milieu un croissant blanc, accompagné, du côté de la concavité, d'une étoile de même couleur. Les étendards personnels du Sultan portent un soleil blanc au centre duquel se trouve, soit le monogramme impérial (*thoughra*), soit le croissant et l'étoile.

Chaque régiment possède un seul drapeau (*baïrak*), qui est porté par un officier du grade de lieutenant ou sous-lieutenant.

Décorations.

Les ordres existant actuellement dans l'Empire ottoman sont :

1° L'ordre de l'*Imtiaz* (1), fondé par le Sultan régnant, Abd-ul-Hamid, en 1879, et destiné à récompenser les services éminents rendus au souverain et au pays dans les carrières civiles ou militaires, ainsi que les mérites exceptionnels d'ordre littéraire ou scientifique. Cet ordre, qui occupe le premier rang entre tous ceux de l'Empire, ne comprend qu'une seule classe ;

2° L'ordre de l'*Osmanié*, fondé en 1861 par le Sultan Abd-ul-Aziz, et celui du *Medjidié*, fondé par Abd-ul-Medjid en 1852. Ces deux ordres, pas plus que le premier, ne sont affectés à un genre spécial de mérite. L'Osmanié comporte quatre classes et le Medjidié cinq. En outre, pour chacun d'eux, la décoration enrichie de pierreries (*murassa'*) constitue une classe exceptionnelle ;

(1) *Imtiaz* signifie *distinction*.

3° L'ordre de la *Bienfaisance* (*Nichan-i-chéfakat*) (1), réservé aux femmes. Il a été fondé en 1878, pour récompenser les services rendus aux blessés ottomans pendant la guerre.

Au-dessous des ordres proprement dits se trouvent les médailles : de l'*Imtiaz*, du *Mérite* (*Liaqat médaliasy*), du *Mérite artistique et industriel* (*Sanaï médaliasy*).

La première de ces médailles est spécialement destinée à récompenser les actes de courage et de dévouement ; la dernière, les services rendus au point de vue des progrès des arts et de l'industrie ; la seconde ne paraît pas avoir d'affectation spéciale. Chacune d'elles comporte deux classes, distinguées par le métal de la médaille, or ou argent.

Il existe enfin un très grand nombre de médailles commémoratives, conférées aux combattants des campagnes auxquelles l'armée ottomane a pris part depuis soixante ans. Nous citerons, notamment, celle de la *Guerre contre la Russie* (1877-1878), de *Plevna*, de *Crète* (1891 et 1869), du *Monténégro* (1862), de *Crimée*, de *Silistrie*, de *Sébastopol*, etc.

XV. — FORTIFICATIONS.

Aperçu général.

La configuration du territoire ottoman, traversé par la voie maritime qui unit la mer Noire à la Méditerranée, a donné, de tout temps, une importance capitale à la défense des détroits qui ferment à ses deux extrémités la mer de Marmara, et par lesquels une flotte ennemie pourrait, en peu de temps, arriver jusque sous les murs de Constantinople.

---

(1) *Chéfakat* signifie littéralement pitié, compassion.

Le système de défense des détroits comprend les ouvrages du *Bosphore*, les lignes de *Tchataldja*, qui défendent, du côté de la terre, l'accès de la capitale, les fortifications des *Dardanelles*, et les lignes de *Boulaïr*, qui ferment la presqu'île de Gallipoli.

Au système de défense de la capitale, on peut encore rattacher les fortifications d'Andrinople, maintenant ville frontière, et investie de la mission d'arrêter un assaillant venant de la direction du nord.

Les autres places de la Turquie d'Europe n'ont que peu de valeur, leurs ouvrages étant presque tous fort anciens. Ce sont, d'abord, sur la côte d'Albanie, les citadelles ou châteaux de : *Scutari*, *Alessio*, *Durazzo*, *Parga*, *Prévéza*, qui datent, en général, de la domination vénitienne. *Salonique* possède une vieille enceinte et une citadelle sans valeur défensive, mais sa baie est défendue par deux batteries de construction récente. *Uskup* possède aussi une vieille citadelle, et on a commencé, il y a quelques années, autour de la ville, la construction de huit forts du type semi-permanent.

En *Crète*, on trouve des ouvrages anciens, châteaux ou enceintes, à la *Canée*, *Retimo*, *Candie*, et un fort de construction moderne à l'entrée de la rade de la *Sude*.

En *Asie*, outre les ouvrages existant dans les îles de l'Archipel, on trouve des batteries de construction récente dans la baie de *Bésika*, en face de l'île de Ténédos, et à *Iéni-Kalé*, près de Smyrne, et des ouvrages plus ou moins anciens à *Tripoli*, *Beyrout*, *Saïda*, *Saint-Jean-d'Acre*, sur la côte de Syrie, à *Sinope*, sur la mer Noire, à *Tav*, sur le golfe Persique, près de l'embouchure du Chatt-el-Arab et à *Van*, en Arménie. Enfin, la grande place d'*Erzeroum* forme le boulevard de la Turquie d'Asie du côté du territoire russe.

Sur la côte d'Afrique, nous n'avons à signaler que la place de *Tripoli*, défendue par une enceinte et une cita-

DÉFENSES DU BOSPHORE ET LIGNES DE TCHATALDJA.

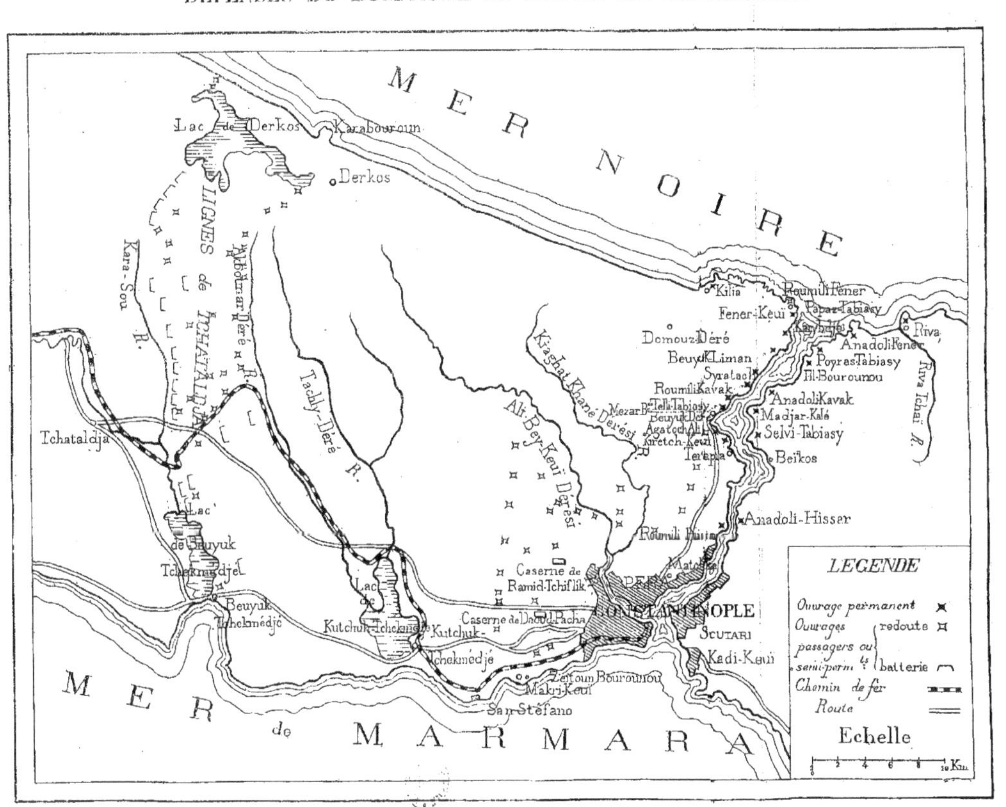

delle anciennes et par plusieurs forts ou batteries de construction récente, armés de pièces de gros calibre.

Le service de la construction et de l'entretien des fortifications est confié à des *Commissions des fortifications* (*Istihkiamat komisionlary*), composées de 5 à 10 officiers et présidées par un lieutenant-colonel, un colonel ou même un général de brigade.

Quelques-unes de ces commissions ressortissent au ministère de la guerre et sont placées sous l'autorité des commandants de corps d'armée ; ce sont, en principe, celles des places fortes de l'intérieur. Elles résident à *Andrinople* (pour Andrinople et Kirk-Kilisé), *Uskub*, *Salonique*, *Erzéroum*, *Tav*.

Les autres commissions, du *Bosphore*, des *Dardanelles*, de *Boulaïr*, de la *Crète*, de *Smyrne*, de *Sinope* et de *Tripoli de Barbarie* dépendent de la Grande Maîtrise de l'Artillerie.

Après avoir donné, dans les lignes qui précèdent, une idée générale de l'organisation défensive du territoire ottoman, nous allons entrer dans quelques détails, en ce qui concerne les positions les plus importantes : Constantinople et le Bosphore, les Dardanelles, Andrinople et Erzéroum.

Défenses du Bosphore et de Constantinople (1).

On sait que le détroit qui réunit la mer de Marmara à la mer Noire, en séparant l'Europe de l'Asie, détroit que les Européens appellent *Bosphore* et les Turcs *Kara-Déniz Boghazy* (détroit de la mer Noire) n'est qu'un étroit

(1) Voir le croquis ci-contre.

canal, plus semblable parfois à un fleuve qu'à un bras de mer et dont la largeur se réduit à 670 mètres à l'endroit le plus rétréci, entre *Roumili-Hissar* et *Anadoli-Hissar*. Le débouché dans la mer Noire a une largeur de 3 kil., 7. A l'autre extrémité, devant Constantinople, la largeur atteint seulement 2 kilomètres. La longueur du canal est de 30 kilomètres et demi.

Sur toute la longueur du détroit, les rives s'élèvent rapidement, et même une partie de la rive européenne, du côté de la mer Noire, est formée de rochers abrupts, dont on a dû entailler la base pour y placer les ouvrages de défense.

Un courant dont la vitesse varie de 1 mètre à $2^{m},6$ par seconde se fait sentir dans le Bosphore ; il va de la mer Noire à la mer de Marmara et serait, par conséquent, favorable à la marche des bâtiments qui, de la mer Noire, se dirigeraient vers Constantinople.

Les défenses organisées dans le but d'interdire à une flotte ennemie l'approche de la capitale, se composent de forts ou de redoutes échelonnés sur les deux rives et construits presque toujours tout près de l'eau. Aussi ont-ils le défaut commun d'être facilement dominés par les hauteurs situées en arrière. Ces ouvrages appartiennent à des époques très variables ; le plus ancien, le château d'Anatolie (Anadoli-Hissar) remonte à la fin du XIVe siècle.

Sur les bords de la mer Noire, à une distance de 5 à 8 kilomètres de chaque côté du débouché du détroit, se trouvent les deux forts de *Kilia*, sur la côte européenne, et de *Riva* (à l'embouchure du Riva-Tchayi), sur la côte asiatique. Chacun de ces ouvrages est armé de 4 canons Krupp de 15 centimètres.

Les ouvrages du canal se trouvent tous dans la partie située au nord de l'étranglement compris entre les châteaux de Roumili et Anadoli-Hissar.

Les batteries existant actuellement sur la rive européenne sont, en partant de la mer Noire : *Roumili-Féner*, *Papaz-Tabiasy* (près de Fénerkeuï), *Karybdjé*, *Beuyuk-Liman* ou *Liman i Kébir*, *Syratach*, *Roumili-Kavak* (un vieux château datant de 1628 et une batterie de construction récente), *Telli-Tabiasy*, *Mézar-Bourounou-Tabiasy*, *Agatoch-Ali-Bourounou*, *Kiretch-Keuï* et *Roumili-Hissar*.

Sur la côte asiatique, nous trouvons les ouvrages suivants : *Anadoli-Féner*, *Poyras-Tabiasy*, *Fil-Bourounou*, *Anadoli-Kavak*, *Madjar-Kalé*, *Selvi-Tabiasy* et *Anadoli-Hissar*.

Un petit nombre seulement de ces ouvrages ont une valeur défensive réelle et sont pourvus d'un armement moderne. Ce sont :

1° La batterie de *Syratach*, construite récemment sur la rive européenne, et la batterie de *Fil-Bourounou*, qui lui correspond sur la rive opposée. La première est armée de 6 canons Krupp (1 de 15 centimètres, 2 de 21 centimètres et 3 de 24 centimètres) et la seconde, de 3 canons de 15 centimètres ;

2° Les deux batteries construites auprès des anciens châteaux de *Roumili-Kavak* et d'*Anadoli-Kavak*. Celle de la côte d'Europe est armée de 7 pièces (5 de 24 centimètres et 2 de 35 c., 5), celle de la côte d'Asie, de 11 (4 de 15 centimètres, 3 de 21 centimètres, 4 de 24 centimètres) ;

3° Le fort de *Madjar-Kalé* ou de *Youcha*, situé à peu de distance au sud d'*Anadoli-Kavak*. C'est le plus important des ouvrages du Bosphore ; son armement se compose de 20 canons Krupp, dont 10 de 15 centimètres, 5 de 24 centimètres, 3 de 26 centimètres, 2 de 28 centimètres ;

4° La redoute de *Kiretch-Keuï* (appelée aussi redoute de *Thérapia*), armée de 4 canons de 15 centimètres.

Les ouvrages dont nous venons de parler sont construits en terre, sur un soubassement en maçonnerie, et possèdent des abris et des magasins casematés. A l'exception de la redoute de Kiretch-Keuï, située à une altitude de 60 mètres, ils se trouvent tous à une faible hauteur au-dessus du niveau des eaux du détroit.

Lignes de Tchataldja.

La facilité avec laquelle les ouvrages du Bosphore peuvent être dominés de l'une ou de l'autre rive, a obligé d'envisager la possibilité d'une tentative faite pour les prendre à revers, soit par l'exécution d'un débarquement sur la côte de la mer Noire, soit par le mouvement d'une armée déjà victorieuse dans la lutte sur terre.

Rien n'a été fait cependant, dans cet ordre d'idées, du côté de l'Asie, si ce n'est des études et des projets. Mais en Europe, on s'est préoccupé de barrer, en un point favorable, la langue de terre qui porte Constantinople. Cette portion de terrain est assez accidentée; elle est parcourue par plusieurs cours d'eau, suivant une direction à peu près parallèle du nord-ouest au sud-est, et se jetant dans la mer de Marmara ou dans les lacs qui bordent le rivage. La position la plus favorable se trouve à 40 kilomètres environ de Constantinople; elle est constituée par la ligne de hauteurs qui sépare les vallées des rivières Kara-Sou et Ak-Bounar. La première de ces vallées, marécageuse dans sa partie inférieure, forme un bon obstacle de front, et, d'autre part, les flancs de la position s'appuient aux lacs côtiers de *Derkos* et de *Beuyuk-Tchekmédjé*, qui réduisent à 25 kilomètres environ la longueur du front à défendre.

L'importance de cette position avait attiré déjà l'attention à l'époque de la guerre de Crimée, mais ce n'est qu'en 1877 que l'on se décida à l'organiser, en y construisant une ligne de 25 redoutes, s'étendant d'un lac à l'autre.

Au centre de la position, ces redoutes sont disposées sur deux rangs. Ce sont des ouvrages de fortification provisoire, d'un profil très fort, munis d'abris, et susceptibles de recevoir chacun 4 ou 5 pièces.

Le chemin de fer et la route d'Andrinople traversent la position avant d'arriver à la petite ville de *Tchataldja* qui lui a donné son nom, bien que située à plusieurs kilomètres en avant.

L'organisation de cette ligne était à peine terminée à la fin de la guerre russo-turque, mais les travaux furent repris en 1879, et la construction de nouveaux ouvrages fit disparaître certaines lacunes de la disposition primitive.

On construisit, le long du Kara-Sou, deux lignes de tranchées-abris, en avant desquelles le terrain fut disposé en forme de glacis. Des abris enterrés pour canons de campagne furent établis à la hauteur de la 2e ligne de tranchées, et des batteries susceptibles de recevoir des pièces de position, renforcèrent en certains points la ligne des redoutes de 1877. Deux redoutes furent construites à droite de la ligne pour barrer la langue de terre qui sépare de la mer le lac de Derkos. A l'autre extrémité, une redoute et deux batteries barrent la route du littoral qui passe près de Beuyuk-Tchekmédjé, entre le lac du même nom et la mer.

Tel est l'état actuel de la ligne de défense qui forme le quatrième côté du quadrilatère tracé par le Bosphore, les rivages de la mer Noire et ceux de la mer de Marmara.

La position de cette ligne est, comme nous l'avons fait remarquer, heureusement choisie; mais son organisation n'est pas à l'abri de toute critique. On peut lui reprocher la faiblesse des ouvrages ainsi que la grande étendue de la ligne, pour la défense de laquelle de 70,000 à 100,000 hommes seraient nécessaires.

Mais le défaut le plus grave du système actuel de défense de Constantinople, est de laisser plus de 30 kilomètres de côtes de la mer Noire, depuis le lac de Derkos jusqu'à Kilia, sans aucune défense. Quoique la navigation dans ces parages soit souvent dangereuse, un débarquement n'y est pas impossible, et s'il réussissait, les ouvrages de Tchataldjà, aussi bien que ceux du Bosphore se trouveraient pris à revers. Il existe, il est vrai, dans le voisinage immédiat de Constantinople, un assez grand nombre d'ouvrages de fortification passagère, disposés en général sur deux rangs, et formant un quart de cercle depuis Makri-Keuï sur la mer de Marmara, jusqu'à Thérapia sur le Bosphore. Ces ouvrages ont été construits pour la plupart en 1877, et n'ont qu'une valeur défensive très restreinte. A l'ouest de la ville, se trouvent aussi les deux grandes casernes de Daoud-Pacha et de Ramid-Tchiflik, qui pourraient être utilisées pour la défense. Quant aux murailles de Constantinople, quoique quelques parties en soient assez bien conservées, on ne peut plus guère les considérer que comme un monument historique.

On sait que, dans le courant de 1892, le général Brialmont est venu, sur l'invitation du Sultan, visiter les défenses de Constantinople et des détroits.

D'après son avis, il serait nécessaire de modifier complètement les bases de l'organisation défensive de la capitale, en faisant abstraction des lignes de Tchataldja et de la plupart des ouvrages existant actuellement le long du Bosphore. Le général Brialmont propose la création, autour de Constantinople, d'une ligne circulaire de forts, commençant au bord de la mer de Marmara, entre *San-Stefano* et *Kutchuk-Tchekmedjé*, passant par *Djebed-Keuï*, atteignant le Bosphore près de *Roumili-Kavak*, pour se continuer en face sur la rive asiatique, et venir se terminer à la mer de Marmara, près de *Bostandji-Bachy*, après avoir décrit un demi-cercle autour de

Scutari. Quant à la défense du Bosphore, au point de vue maritime, elle serait concentrée en un seul point, et assurée par des batteries peu nombreuses, mais fortement organisées. L'endroit choisi serait un peu au sud de Roumili-Kavak, où le détroit n'a guère que 950 mètres de largeur. On ne peut savoir encore dans quelle mesure il sera donné suite à ces projets.

Défenses des Dardanelles.

Le détroit des *Dardanelles* (appelé par les Turcs *Ak-Déniz Boghazy* ou détroit de la mer Blanche), qui ferme la mer de Marmara du côté de la Méditerranée, se compose d'une portion presque rectiligne large de 4 à 5 kilomètres, commençant à la mer de Marmara, et d'une portion courbe de largeur variable aboutissant à la mer Égée. C'est dans cette dernière partie que se trouvent rassemblés tous les ouvrages de défense.

On peut partager ces ouvrages en deux groupes.

Le premier, qui a pour mission de garder l'entrée du détroit, du côté de la mer de l'Archipel, se compose, sur la côte d'Europe, du fort de *Sedd-ul-Bahr* (barrière de la mer), ouvrage de construction ancienne, mais complètement réorganisé comme batterie basse, et de la batterie haute d'*Ak-Tabia*, près du cap Élès. Sur la côte d'Asie, se trouve également un vieux château, *Koum-Kalé*, accompagné d'un ouvrage moderne bastionné, servant de batterie basse, et de la batterie haute de *Yéni-Chéhir*.

Les ouvrages dont nous venons de parler sont armés de canons Krupp de 15, 24 et 28 centimètres.

Le passage qu'ils ont à défendre n'a qu'une largeur de 5 kilomètres ; mais aussitôt après, le détroit s'élargit jusqu'à 7 kilomètres pour se retrécir ensuite, et arriver à l'étranglement que défend le deuxième groupe d'ouvrages.

Cet étranglement, qui sépare les deux parties du détroit, commence à la hauteur de *Kalé-i-Sultanié*, à

DÉFENSES DES DARDANELLES.

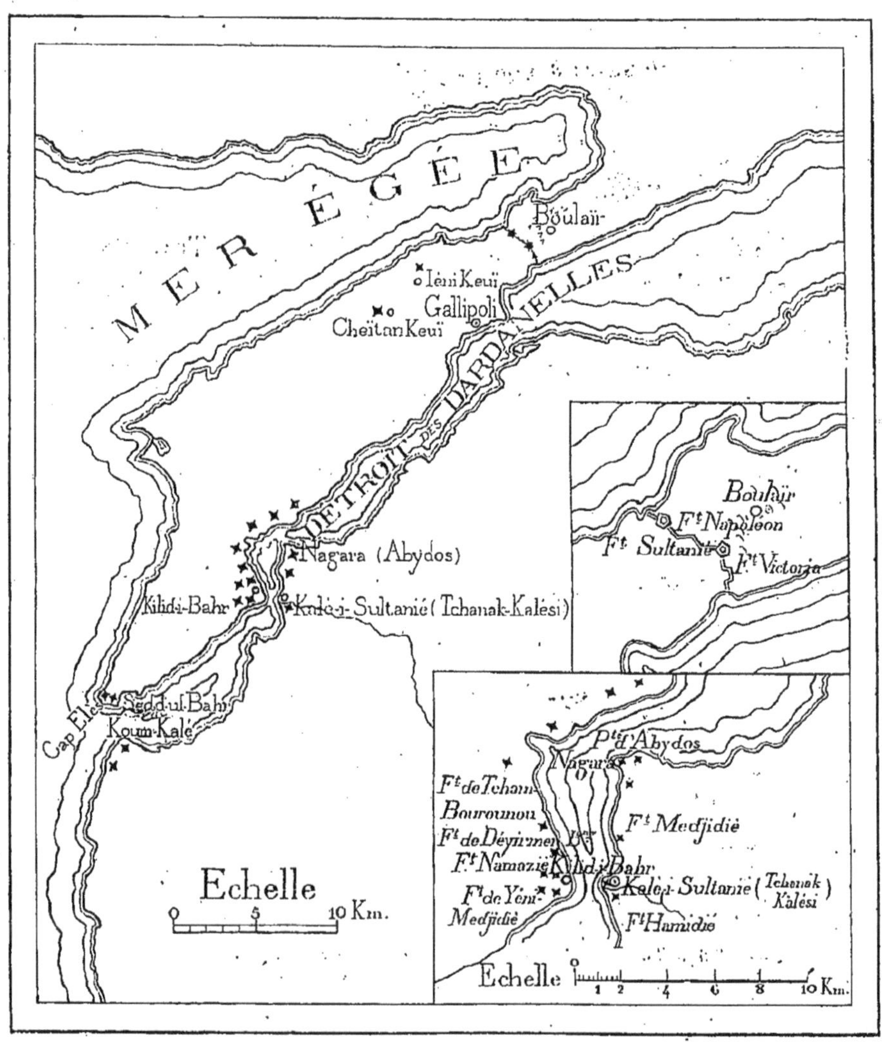

22 kilomètres environ du débouché dans la mer de Marmara, et se prolonge sur une longueur de 7 kilo-

mètres jusqu'au commencement de la partie rectiligne du canal.

C'est dans cet espace que sont rassemblés le plus grand nombre des ouvrages. Ceux-ci constituent aussi deux groupes, dont l'un défend la passe de Kalé-i-Sultanié, large de 1300 mètres, tandis que l'autre surveille le point où le canal change brusquement de direction, avant de se diriger en ligne droite vers la mer de Marmara.

Le premier groupe comprend en Europe, la batterie de *Yéni-Medjidié*, le fort *Namazié* et la batterie de *Deyirmen-Bourounou.*

Le fort *Namazié* situé immédiatement au sud du vieux château de *Kilid-i-Bahr* (la clef de la mer) est le plus important de la position. Il ne possède pas moins de 21 canons Krupp, dont les calibres varient de 21 à 35 centimètres. Les batteries de *Yéni-Medjidié* et de *Déyirmen-Bourounou*, situées, la première à 500 mètres seulement au sud du fort Namazié, la seconde à 1 kilomètre au nord, sont beaucoup moins importantes et ne contiennent que de 5 à 10 pièces. Ces trois ouvrages sont situés sur le rivage même à une très faible altitude; aussi a-t-on construit récemment, sur les hauteurs qui se trouvent en arrière, plusieurs batteries hautes, destinées à garantir les ouvrages de la côte contre une attaque venant de l'intérieur de la presqu'île. Une batterie haute a été construite également au-dessus du vieux fort de *Tcham-Bourounou*, à 1300 mètres de *Déyirmen-Bourounou.*

Sur l'autre rive, nous trouvons également trois ouvrages modernes; au centre de la position, le fort de *Tchanak-Kalési*, appelé aussi *Kalé-i-Sultanié* (fort du Sultan), faisant face exactement au fort *Namazié;* au sud, le fort *Hamidié*, vis-à-vis de Yéni-Medjidié, et au nord, le fort *Medjidié*, à l'extrémité de la baie des Dardanelles et un peu au-dessus de Déyirmen-Bourounou.

Le fort de *Tchanak-Kalési* se trouve sur le rivage au pied de l'ancien château du même nom (1). Son armement se compose d'une douzaine de pièces Krupp, dont une du calibre de 35 centimètres.

Les forts *Hamidié* et *Medjidié* sont de construction plus récente que le précédent, et aussi plus importants comme organisation et comme armement. Ils contiennent chacun 16 ou 17 pièces de différents calibres, entre 15 et 28 centimètres.

A 5 kilomètres et demi au nord de Kalé-i-Sultanié, le canal change brusquement de direction, et, vis-à-vis de la pointe *Nagara* (côte d'Asie), il se rétrécit jusqu'à 2 kilomètres. Cette dernière passe, qui conduit dans la partie rectiligne du canal, est défendue, du côté de l'Asie, par le fort *Nagara*, grand ouvrage en pierres, ancien mais solide, auquel se relie un ouvrage moderne en terre. Ce fort est accompagné de deux batteries hautes, placées en arrière, de part et d'autre de l'ouvrage principal.

Sur l'autre rive, nous trouvons le vieux fort de *Boghali-Kalési*, et plusieurs batteries hautes réparties sur l'arc de cercle que forme en cet endroit la côte d'Europe.

Sur la rive asiatique, on trouve encore entre Kalé-i-Sultanié et Nagara, le vieux fort de *Kéossé-Kalési*, et plusieurs batteries, mais ces ouvrages sont maintenant en ruines.

Lignes de Boulaïr.

Les ouvrages des Dardanelles sont, comme ceux du Bosphore, placés à une altitude très faible et dominés

(1) Les vieux forts de *Tchanak-Kalési* et de *Sedd-ul-Bahr*, appelés autrefois *Château d'Asie* et *Château d'Europe*, sont les *vieilles Dardanelles*, construites par Mahomet II, neuf ans après la prise de Constantinople. Les forts de *Kilid-i-Bahr* et de *Koum-Kalé* sont les *nouvelles Dardanelles*, dont la construction remonte à 1659.

par les hauteurs situées en arrière à peu de distance. Nous avons déjà vu que l'on a remédié en partie à cet inconvénient, sur la côte européenne, en construisant plusieurs batteries hautes. Mais on a cherché aussi à rendre la protection des ouvrages plus complète, en fermant entièrement l'entrée de la presqu'île, du côté de la terre. On admet, en effet, qu'un débarquement sur la côte du golfe de *Saros* (bien que cette côte ne soit défendue que par deux batteries) n'est pas probable, à cause de la configuration des rives presque toujours escarpées.

La forme de la presqu'île se prêtait très bien à l'établissement d'une barrière en interdisant complètement l'accès. Elle est, en effet, reliée à la terre ferme par une langue de terre qui, dans sa partie la plus étroite, n'a que 6 kil. 5. Cet endroit est occupé par une ligne de hauteurs s'étendant d'une rive à l'autre et dessinant déjà comme une barrière naturelle. C'est sur la ligne de faîte et sur les pentes extrêmes de ces hauteurs qu'ont été établis les ouvrages de défense, dont la plus grande partie datent de la guerre de Crimée, pendant laquelle ils ont été construits par des officiers du génie français et anglais.

Au centre de la position, à 167 mètres d'altitude, se trouve le fort *Sultanié*, et à l'aile gauche, à 1 kilomètre du rivage, le fort *Napoléon*. Ce sont deux ouvrages bastionnés; le premier a 6 bastions, le second, 5. L'aile droite est appuyée par un ouvrage à couronne dit redoute *Victoria*.

Ces ouvrages sont reliés par une ligne continue, formée d'un parapet et d'un fossé de 4 mètres de largeur, qui se prolonge au delà des ouvrages extrêmes jusqu'au bord de la mer.

Une série de redoutes occupent les hauteurs situées en avant de la ligne principale, et se terminant en forme d'éperon, un peu au delà de la ville de *Boulaïr* (4 kilomètres de la ligne), qui est elle-même défendue par quelques petits ouvrages.

D'après les projets du général Brialmont, la défense des Dardanelles devrait être concentrée exclusivement dans la passe située entre Kilid-i-Bahr et Kalé-i-Sultanié. Ces deux points seraient entourés, du côté de la terre, d'une enceinte continue, destinée à garantir les ouvrages maritimes d'une attaque à revers.

Andrinople.

La ville d'*Andrinople*, la plus importante de la Turquie d'Europe après Constantinople, est située à 220 kilomètres en ligne droite au nord-ouest de la capitale, au confluent de la *Toundja* et de la *Maritsa*, et non loin de celui de l'*Arda*. Le chemin de fer de Constantinople à la frontière bulgare passe au sud d'Andrinople ; la gare est située sur la rive droite de la Maritsa, à 4 kil., 5 du centre de la ville.

Le terrain environnant, à peu près complètement plat sur la rive droite de la Maritsa, c'est-à-dire au sud et au sud-ouest de la place, est accidenté dans les autres secteurs, mais sans atteindre jamais d'altitudes bien élevées.

La ville n'a pas d'enceinte. Ses défenses consistent en une ceinture de forts, dont la construction a été commencée pendant la guerre turco-russe et terminée depuis.

Les ouvrages, construits en style permanent, sont au nombre de 25, dont 5 sur la rive droite de la Maritsa, 8 entre la Maritsa (amont) et la Toundja (R. D.), et 12 entre la Toundja (R. G.) et la Maritsa (aval).

L'armement désigné pour chaque fort varie, en général, de 6 à 12 pièces ; quelques-uns cependant doivent recevoir 20 ou 24 pièces.

Les ouvrages de la rive droite de la Maritsa, sont placés le long de la ligne du chemin de fer, et, par conséquent, à une faible distance de la ville. Dans les autres secteurs, la ligne des forts s'éloigne un peu plus, mais sans dépasser une distance de 6 à 7 kilomètres du centre de la ville.

A 55 kilomètres à l'est d'Andrinople et à 70 kilomètres de la mer Noire, se trouve la petite ville de *Kirk-Kilisé*, qui possède aussi quelques ouvrages de défense, et pourrait servir de position de flanc par rapport à Andrinople.

Erzéroum.

La seule grande place de la Turquie d'Asie est *Erzéroum*, au centre de l'Arménie, à 50 kilomètres de la frontière russe. Ce serait, en dehors des difficultés de la marche dans un pays très accidenté et généralement dénué de communications, le seul obstacle qui s'opposerait à une armée russe tentant de s'avancer par l'Arménie et l'Asie Mineure vers le Bosphore.

La ville d'Erzéroum se trouve sur un plateau élevé de 2,000 mètres au-dessus du niveau de la mer, et entouré sur trois côtés par des montagnes dont un des sommets s'élève à 1000 mètres au-dessus du plateau.

Par ce plateau, arrosé par le cours supérieur de l'Euphrate qui coule à quelque distance au nord d'Erzéroum, passent la chaussée de Trébizonde à la frontière persane par Bayazid, et les routes d'Erzéroum à Van, à Bitlis et à Erzindjan. Des chemins conduisent à Ardahan et à Kars, sur le territoire russe, en traversant les montagnes qui limitent le plateau au nord et à l'est.

Les fortifications d'Erzéroum comprennent :

1° La *citadelle* située au milieu de la ville sur une

hauteur s'élevant à 30 mètres au-dessus du sol environnant. C'est une vaste construction, limitée par une muraille crénelée flanquée de tours, et dans l'intérieur de laquelle se trouvent les établissements militaires de la ville ;

2° L'*enceinte*, formée de sept fronts bastionnés, dont le développement n'a pas moins de 12 kilomètres ;

3° Les *ouvrages détachés*, forts et lunettes, construits il y a un peu plus de 30 ans, et occupant à des distances de 1000 à 2,500 mètres de l'enceinte, les points principaux du terrain. Plusieurs de ces ouvrages sont reliés avec l'enceinte et avec les ouvrages voisins par des lignes en crémaillères ;

4° La nouvelle ligne de forts, construite à partir de 1883. Les ouvrages qui la composent sont au nombre de 15 (dont 2 de construction toute récente), construits très solidement et pourvus d'abris et de magasins casematés ; ils défendent les passages des montagnes qui limitent le plateau au nord-ouest, à l'est et au sud. La plupart ont pu être établis dans des positions très favorables. L'un d'eux se trouve à 700 mètres au-dessus du niveau du plateau ; plusieurs autres à 200 ou 300 mètres. L'armement a été fixé pour les 13 forts anciens à 163 canons, de calibres variant de 9 à 24 cent., et 116 mortiers de gros calibre ; mais cet armement ne paraît pas encore avoir été constitué en entier.

Le principal reproche que l'on puisse faire à l'organisation du camp retranché d'Erzéroum est son développement excessif. Si les renseignements donnés par les *Annales de Löbell* (année 1891) sont exacts, certains forts se trouveraient à 25 kilomètres de la place. Aussi des forces importantes devraient-elles être immobilisées pour sa défense.

Les forts d'Erzéroum, quoique de construction récente, ne sont pas, il est vrai, à la hauteur des derniers perfectionnements de la fortification ; mais cette considération n'a ici qu'une importance relative, car la configuration de la région ne permettrait pas non plus à l'assiégeant d'utiliser tous les moyens dont dispose aujourd'hui l'attaque. Aussi peut-on admettre que, pourvue de son armement au complet et d'une garnison suffisante, la place d'Erzéroum serait capable de remplir le rôle qui lui est assigné dans la défense de l'Empire ottoman.

CARTE DES DIVISIONS ADMINISTRATIVES ET ITAIRES DE LA TURQUIE D'EUROPE.

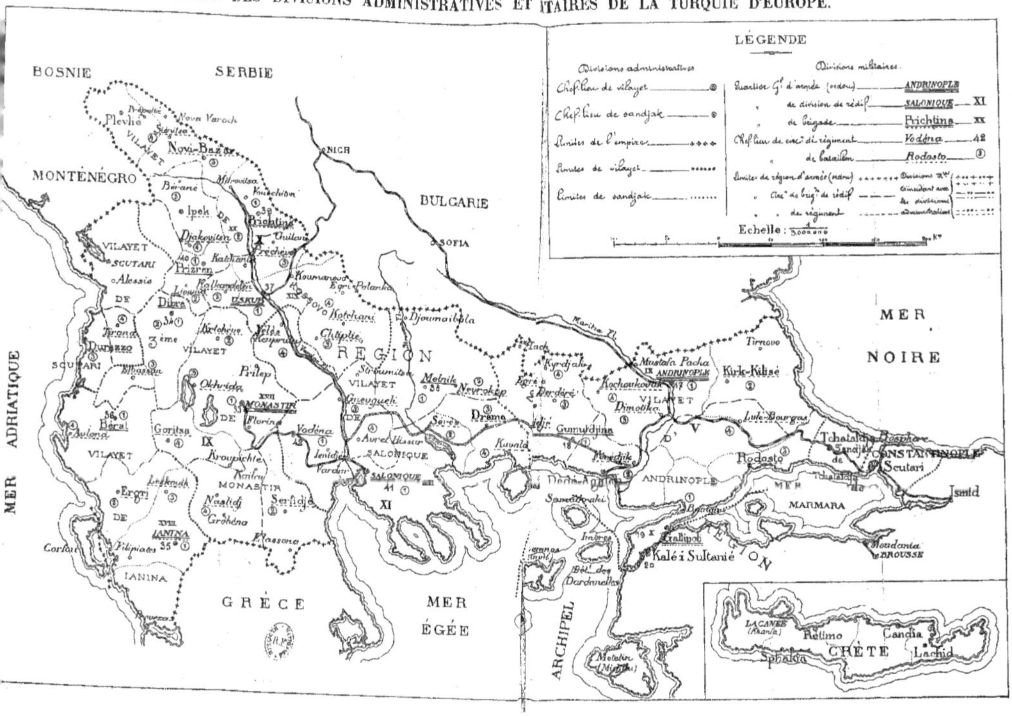

CARTE DES DIVISIONS ADMINISTRATIVES ET MILITAIRES DE LA TURQUIE D'ASIE.

TABLE DES MATIÈRES

Paris — Imprimerie L. Baudoin, 2, rue Christine.

www.ingramcontent.com/pod-product-compliance
Ingram Content Group UK Ltd.
Pitfield, Milton Keynes, MK11 3LW, UK
UKHW031047260726
13965UKWH00006B/682

9 782012 678781